Adi Bittermann | Adi Matzek

GRILLEN mit Adi & Adi

Mit Fotos von
Herbert Lehmann

pichler verlag

INHALT

- 6 Der Schwarze und der Weiße – Das Autorenteam
- 8 Österreich (Europa) versus Amerika: Die Unterschiede in der Grillkultur
- 12 Grillerkunde
- 16 Feuer machen, Hitze, Sicherheit
- 17 Die Grilltechniken
- 18 Für jeden Geschmack ist ein Kraut gewachsen Eine kleine Kräuterkunde
- 19 Salzen, pfeffern, würzen
- 21 Große Rindfleischkunde
- 25 „Masterpieces" von Adi Matzek Die Steakteilekunde
- 30 Grillen i(s)st gesund
- 32 Rubs & Mopps

DIE REZEPTE

- 36 **GEMÜSE, BROTE & SNACKS**
- 73 **FISCH & MEERESFRÜCHTE**
- 99 **GEFLÜGEL**
- 117 **SCHWEIN**
- 147 **RIND**
- 175 **LAMM & WILD**
- 195 **DESSERTS**

- 210 Grillpartyplanung
- 211 Grillmenüs

DIE IDEE ZU DIESEM BUCH

Die Idee wurde spontan bei einem Messebesuch geboren. Adi & Adi kannten sich eigentlich nur vom Hörensagen, aber ein kurzes Kennenlernen bei einem Weiterbildungsseminar genügte den beiden, um die gleiche Wellenlänge zu spüren. Bei besagtem Messebesuch traf man sich zufällig beim Stand der Verlagsgruppe Styria und eher aus einer Laune heraus fielen die Worte von Adi M., „Na, dann mach'ma halt einmal was gemeinsam!", worauf Adi B. mit seinem „Kein Problem!" einiges auslöste. Beim nachfolgenden Gespräch mit den zwei „Grillverrückten" bekam Johannes Sachslehner, zuständig für die Kochbücher im Pichler Verlag, interessante Einblicke. Das Zusammentreffen sollte Folgen haben, nämlich dieses erste gemeinsame Grillbuch.

Der Spannungsbogen vom Fleischer und Fleischtechnologen, der aus der Grill- und Barbecueszene kommt, im Austausch mit dem leidenschaftlichen Koch, der immer offen für Neues ist aber mit dem Wissen, Altbewährtes zu bewahren, war nach ersten Gesprächen so enorm, dass wir wussten, hier entsteht etwas Einzigartiges.

Durch das Engagement des Top-Fotografen Herbert Lehmann, wird das Grillgeschehen mit Professionalität und Gespür dokumentiert.

Der Mehrwert für den Leser wird aus der Kombination vom Wissen des Fleischers aus dem Grilllager, mit der Kompetenz des Koches, der sich wieder ans Feuer begibt, garantiert. Frei nach dem Motto: ein gemeinsames „Back to the Roots!".

Sie, liebe Leserinnen und Leser, haben sicherlich genauso viel Spaß beim Lesen und vor allem beim Probieren und Umsetzen am glühenden Rost wie wir alle, die wir an der Entstehung dieses Grillbuches beteiligt waren. Einen kleinen Einblick sollen die folgenden Fotos in die Arbeit an diesem besonderen Grillwerk geben, auch wenn wir als Autoren nicht immer voll getroffen wurden – oder doch?

ZUM GELEIT

Bier darf zwar bei einem zünftigen Grillabend nicht fehlen, doch mit Bierernst haben die beiden Autoren dieses Grundkochbuches in Sachen Grillen gar nichts im Sinn. Ganz im Gegenteil. Vielleicht mag alleine der gemeinsame Vorname Adi dafür bürgen, dass die Zwei die (nicht nur kulinarische) Welt mit einem freundlichen Augenzwinkern betrachten. Der eine wie der andere ist also kein Kind von Traurigkeit. Dabei hätten beide Adis allen Grund dazu, sich aus Stolz über das bisher Erreichte in blasierter Zurückgezogenheit bequem auf ihren Lorbeeren auszuruhen. Adi Matzek, nennen wir ihn der Einfachheit halber fortan Adi M. sammelt Medaillen wie andere Briefmarken. Gold, Silber, Bronze – nicht weniger als 50 Stück drängeln sich in der Vitrine und erzählen von seinen prämiierten Fleisch- und Wurstspezialitäten, die er in seinem Meisterbetrieb in Horn neben seiner Aufgabe als Chef eines der erfolgreichsten Profigrillteams kreiert. Zweimal durfte sich seine Mannschaft mit dem humorvollen Namen „Waldviertler Hornochsengriller" bereits über den Weltmeistertitel freuen. Dass dabei ausschließlich beste Fleischqualität im Premiumbereich nötig ist, steht für den „Fleischsommelier" Adi M. unabdingbar fest.

Eine Sommelière, die ganz den önologischen Genüssen zugetan ist, spielt hingegen in der erfolgreichen Karriere von Adi Bittermann, dem zweiten Autor dieser Grill-Bibel, eine große Rolle. Sie heißt Bettina Bittermann und hat gemeinsam mit Adi B. das haubengekrönte Wiener Restaurant „Vikerl's Lokal" aufgebaut, bevor sie sich in Göttlesbrunn mit einem noch schöneren, größeren und erfolgreicheren Lokal ihren Lebenstraum verwirklichen konnten. In der beschaulichen Gegend von Göttlesbrunn, wo einst römische Legionäre ihre Ochsen über offenem Feuer brieten, hat Adi B. nun endlich auch ausreichend Platz für seine geheime Leidenschaft: das Grillen an frischer Luft. Ob das Thermometer nun plus 30 °C anzeigt oder bei minus 10 °C ins Stocken gerät, der Griller wird angeworfen, sobald sich Grillinteressierte für einen der beliebten Kurse angesagt haben. Diese bedingungslose Lust, Wissen und Erfahrung weiterzugeben, ist Adi B. übrigens ebenso zu eigen wie Adi M. Auch der Grilltrainer aus Horn begeistert seine Fans durch spannende Grillevents und -schulungen. Womit wir der wichtigsten Komponente aller Grillerei bereits auf die Spur gekommen sind: dem geselligen Zusammensein rund um das Urelement Feuer.

Sie merken schon, liebe Leser, die beiden Adis haben mich bereits zu ihrem Komplizen gemacht. Doch ehe ich mich jetzt allzu sehr in Lobpreisungen der zwei Grillmeister verliere, darf ich einen Altmeister aus einem anderen Metier zitieren und mit Karl Farkas sagen: „Schau'n Sie sich das an!"

In diesem Sinne wünsche ich Ihnen viele vergnügliche Stunden mit und nach der Lektüre dieses gleichermaßen unterhaltsamen wie interessanten Buches.

Renate Wagner-Wittula

DER SCHWARZE UND DER WEISSE
DAS AUTORENTEAM

GRILLDOPPELWELTMEISTER ADI MATZEK

Als Teamchef der Waldviertler Hornochsengriller habe ich an unzähligen Grillmeisterschaften weltweit teilgenommen. Viele Titel zeugen von meiner Kompetenz im Grillbereich, zwei Weltmeistertitel in den Disziplinen Fisch und Rind waren die Krönung in dieser langjährigen Karriere. Als Fleischsommelier und Grilldoppelweltmeister bin ich ein gern gesehener Gast in TV und Radio sowie in den Printmedien. Mit meiner Leidenschaft für Glut und Feuer inszeniere ich laufend unzählige Grill- & Barbecue-Caterings und Grillveranstaltungen in allen Größenordnungen, von rustikal bis edel. Die Speisen werden dabei immer kommunikativ und authentisch, für die Gäste hautnah erlebbar, auf den diversen Grillgeräten zubereitet. Meine Grill- und Infotainmentshows, ein Format, das ich persönlich entwickelt habe, sind inzwischen zu einem echten Markenzeichen geworden, in den Bereichen B2C und auch B2B – der Bogen spannt sich von Grillseminaren für Firmen bis zum Teambuildingseminar und zum fachspezifischen Vortrag – bin ich zum Thema Grillen und Barbecue in Österreich führend. In meiner 1. Österreichischen Grillschule" vermittle ich das Know-how für grillbegeisterte Menschen und solche, die es noch werden wollen. Bei den Kursen ergibt sich ein zwangloser, offener Erfahrungsaustausch für die Teilnehmer, das positive Lebensgefühl von Grill & Barbecue wird widergespiegelt.

Meine Liebe zum Rindfleisch, zu seiner Reifung und Zubereitung begleitet mich schon seit meinen ersten Ausbildungsjahren und ist mir ein persönliches Anliegen; in diesem Grillbuch wird daher auch ein Schwerpunkt auf diese edle Spezialität gelegt. Dass die Zubereitung von Rindfleisch am Grill zur Königsdisziplin zählt und auch bei uns in Europa ein Trend zu hochwertigem Rindfleisch und Steakgenuss bemerkbar ist, bestätigt mein jahrelanges Engagement in diesem Bereich. Meine Botschaft **„Grillgenuss zu jeder Jahreszeit!"** ist kein Werbeslogan, sondern mein persönliches Lebensmotto, dem sich immer mehr grill- & barbecuebegeisterte Menschen anschließen.

Ich wünsche Ihnen, liebe Leserinnen und Leser, eine anhaltende, glühende Leidenschaft auf Ihrem Grillweg und freue mich, dass ich Sie gemeinsam mit Adi Bittermann mit diesem Grillbuch begleiten darf.

Ihr ADI MATZEK

HAUBENKOCH ADI BITTERMANN

Ich bin nun schon bereits das 30. Lehrjahr in meinem Traumberuf als Koch tätig, und dieser Beruf birgt für mich eine Grenzenlosigkeit, die ich – selbst wenn ich die Chance auf mehrere Leben hätte – niemals ausloten könnte.
Ich lernte und kochte in großen Häusern mit vielen großen Chefs und eignete mir in dieser Zeit meine spezielle „Küchen-Handschrift" an. Für mich ist der Gast das Maß aller Dinge. Er setzt Maßstäbe und fordert mich heraus. Er kann dich in die Höhe heben, aber auch am Boden zerstören. Jede Kritik birgt etwas Wahres in sich – was heute so ist, ist morgen anders und übermorgen vielleicht schon vergessen. Aber eines weiß ich ganz bestimmt: Man lernt niemals aus und das ist gut so.
Seit 2006 lebe ich in Göttlesbrunn, im Herzen des Weinbaugebietes Carnuntum. Ich genieße hier mit meiner Familie Lebensqualität am Land, ohne auf die Nähe der Bundeshauptstadt Wien verzichten zu müssen. Neben der Kirche in der alten Volksschule koche ich in meinem Wirtshaus „bittermann" mit Herz & Seele die Leute ein. Dabei unterstützt mich meine liebe Frau Bettina. Unsere beiden Buben, Christian und Thomas, arbeiten zwar noch nicht mit, doch sie bewerten unser Essen – nicht nach Punkten, aber man kann sicher sein – die beiden sind eine strenge Jury. Außerdem habe ich das Glück, viele junge motivierte Mitarbeiter an meiner Seite zu haben.
Als Koch kommt man unweigerlich auch zum Grillen. Dieses Thema zieht mich seit Jahren in seinen Bann. Ich grille seit 2000 aktiv. Schnell bemerkte ich, dass der Grill Geschmäcker und Aromen ermöglicht, welche man in der „normalen" Küche auch nicht mit dem besten und modernsten Kombi-Dämpfer schafft.
In dieser Zeit des Grillens sammelte ich bereits viele Rezepte und lernte viele Menschen mit der gleiche Liebe zum Grillen kennen. Der Austausch von Ideen, Anregungen und Rezepten ist uns dabei sehr wichtig. Über das ganze Jahr hin biete ich in Göttlesbrunn unterschiedliche „Weber Grill Akademie"-Kurse für grillbegeisterte Gäste an, darunter spezielle Grillkurse zu verschiedenen Themen wie Wild, Fisch und Meerestiere, Steak und nach Kundenwunsch individuelle Kursabende für Firmen und Freundeskreise.
Mit sechs weiteren Grillbegeisterten gründete ich als bislang letzten Streich ein Grillteam, die PITMASTERS, mit dem wir an Bewerben teilnehmen. Dabei teilen wir unsere Grillfreude mit anderen Teams und lernen natürlich auch wieder viel Neues dazu.
Durch das Grillen lernte ich Adi MATZEK kennen und unser gemeinsamer Weg zu diesem Grillbuch verbindet zwei verschiedene Menschen – Adi Matzek kommt vom Handwerk des Fleischermeisters und ich selbst vom Handwerk des Koches.
In der Grillszene werden wir schon der Schwarze und der Weiße genannt – das bezieht sich auf unser Outfit. Aber beide sind wir mit Herzblut und Leidenschaft beim Grillen!
Ich wünsche Ihnen, liebe Leserinnen und Leser,
GUT GRILL!

Ihr ADI BITTERMANN

ÖSTERREICH (EUROPA) VERSUS AMERIKA: DIE UNTERSCHIEDE IN DER GRILLKULTUR

Generell sei gesagt, dass die Menschen beider Länder die Liebe zum Grillen besitzen. Allerdings ist der Stellenwert des Grillens bei uns „noch" ein geringerer als in Amerika, wo der Grillmeister extrem hohe Anerkennung genießt. In Österreich ziehen wir es vor, eher im Garten, umgeben von einem Zaun oder Mauern, zu grillen. Die Amerikaner zelebrieren das Ganze dagegen auf der Veranda vor dem Haus, und bei Sportveranstaltungen ist es durchaus üblich, dass in der Pause auf der Heckklappe des Pick-ups der Griller angeheizt und ein „Parkplatzpicknick" veranstaltet wird. Stellen Sie sich dieselbe Situation bei uns in Wien im Praterstadion vor: Das Derby Rapid gegen Austria geht in die Pause und die Fans gehen in der Pausenzeit auf den Parkplatz und werfen den Griller an. Das hätte für die Betreffenden sicher einen unangenehmen Polizeieinsatz zur Folge.

Eine weitere Erfahrung habe ich in Amerika bei „Memphis in May", der geschichtsträchtigen Barbecueveranstaltung, gemacht. Über 1500 Teams wollen starten, aber die Startplätze sind mit 500 begrenzt. Wenn die 500 Starter ausgewählt sind und die restlichen Teams leider ihre Nichtnominierung zur Kenntnis nehmen müssen, so helfen diese dem ausführenden Organisationsteam ehrenamtlich bei der Austragung. Dies ist die nächsthöhere Auszeichnung für einen Barbecuemeister, hier kann er seine Erfahrung und seine Kraft mit einbringen und ist anerkannter und sehr wertvoller Teil der ganzen Grillveranstaltung. In Österreich werden Sie derlei positive Inspiration eher nicht finden, hier wird von dem Nichtnominierten eher negative Stimmung verbreitet. Es ist wohl der in Europa häufig anzutreffende falsche Ehrgeiz, der zu dieser Sichtweise der Dinge führt. In Wirklichkeit sollte für alle der gemeinsame *Spirit*, die gemeinsame Sache, der Austausch, das Grillerlebnis mit Menschen im Vordergrund stehen. Diese Einstellung und diese Demut müssen wir noch lernen, aber wahrscheinlich dauert das noch einige Zeit, weil uns hier unser angelerntes Leistungsdenken im Weg steht. Der erste Schritt dazu ist, auch bei den Grillwettbewerben wie in Amerika einen Grillwettbewerb durchzuführen, und nicht in Profis und Amateure zu trennen, weil es einfach nicht zu trennen ist. Viele Teams treten in Amerika oft nur in einer oder zwei Kategorien an, ein Umstand, der bei uns immer zu Diskussionen und Unverständnis führt. Bei uns heißt es immer „alles oder nichts", den amerikanischen Grillfans ist es in erster Linie wichtig, bei dieser Veranstaltung dabei zu sein und sich eine persönliche Bereicherung zu holen.

In Österreich sprechen wir eher vom „Grillen", in Amerika wird sehr oft vom „Barbecue" gesprochen. Vom Wort meinen beide Begriffe das Gleiche, der Unterschied ist jedoch: In Amerika liegen oft große Teilstücke am Rost und werden dementsprechend lange mit wenig Hitze und Rauch gegart. Typisch für unsere Breiten ist, dass mit hoher Hitze kleine Teilstücke am Rost landen und in relativ kurzer Zeit, klassischerweise direkt über der Hitze, zubereitet werden. Der Grillmeister ist dabei meist unter Stress und hat bei der Zubereitung weniger Zeit für seine Gäste. Die Amerikaner haben durch die stundenlange Zubereitung jede Menge Zeit für die Gäste; der Begriff Barbecue ist durch die Technik der Zubereitung gerechtfertigt. Die Temperatur liegt hier bei 90 °C bis max. 150 °C, oft wird auch mit bis zu 60 °C „tiefer" Temperatur gesmokt. Vielfach höre ich, dass es „ewig lange dauert", bis etwas zum Essen da ist, unsere Gesellschaft hat sich offensichtlich so sehr an die Schnelligkeit gewöhnt, dass wir auch mit dieser Methode – dem Barbecuen – erst einmal einige Jahrzehnte lang Freundschaft schließen müssen. Die Belohnung durch sogenannte „verlorene" Zeit erhält man durch die „gewonnene Zeit", die gemeinsam mit Gästen und Familienmitgliedern verbracht wird.

Sie sehen, es ist sehr viel im Umbruch, beide Techniken nähern sich einander an, der Verbindung aus beiden gehört die kulinarische Zukunft.

GRILLKULTUR UND GEMEINSCHAFT

DIE MAGIE DES FEUERS

Das Knistern des Lagerfeuers, die abstrahlende Hitze, die Geist und Körper erwärmt – wir alle empfinden die unmittelbare Geborgenheit der Feuerstelle. Sie ist der Platz, um den sich die Gemeinschaft zusammenfindet. Ein Platz zum Beisammensitzen, zum Miteinanderreden und, heute fast noch wichtiger, zum Zuhören. Allgemeine „Heilkraft" entsteht, wenn am Lagerfeuer Lebensmittel zubereitet werden, es ergibt sich ein Miteinander, in dem sich seit den frühesten Ur-Zeiten soziale Bindung in Form von gelebter Gastfreundschaft manifestiert.

Das offene Feuer wird in der heutigen Gesellschaft oft als Bedrohung empfunden und durch diverse Gesetze aus unserem Leben so gut wie verbannt. In jedem von uns ist jedoch die Sehnsucht nach den positiven Aspekten des Feuers und seiner elementaren Nähe geblieben.

Lagerfeuer und Feuerstelle werden in unserem heutigen Leben durch Grillgeräte verschiedenster Arten ersetzt. Sobald der Duft des Grillens über dem Garten liegt, dominiert das Miteinander, das Zusammenkommen, das Plaudern, der Austausch, das gemeinschaftliche Wir-Gefühl. Der Magie des Feuers können wir uns auch nach tausenden Jahren nicht entziehen und das begründet den wachsenden Stellenwert dieser archaischen Art der Speisenzubereitung in Europa. Wir nennen es Grillen, die Amerikaner *Barbecue*, die Spanier *Barbacoa*, die Argentinier *Asado*, es gibt dafür unzählige Namen in den Ländern und Sprachen dieser Welt.

Die Notwendigkeit, in unserer hoch technisierten Gesellschaft immer erreichbar und immer verfügbar zu sein, geht zugleich einher mit wachsender kommunikativer Sprachlosigkeit – der Frieden, den wir bei der Speisenzubereitung unter freiem Himmel mit Freunden und Gästen genießen können, bietet dazu einen wunderbaren Ausgleich. Es wird Sprechen und Zuhören mit festem Augenkontakt gepflegt, eine Gemeinschaft, die Balsam für die Seele ist und die Möglichkeit zur Entspannung und zum Auftanken bietet. Die „Heilkraft" des Feuers ist somit auch auf unseren Grillplätzen noch gegenwärtig, unabhängig von Alter, Herkunft und sozialer Schicht. Es hilft, Frieden zu bewahren in der kleinen Keimzelle Familie, wo Freunde, aber ebenso Fremde zu Gästen werden – ganz einfach Menschen, die zusammenkommen.

DAS BAND DER FREUNDSCHAFT

Durch Respekt, Achtung und Dankbarkeit entsteht so beim gemeinsamen Grillen Freundschaft. Eine Freundschaft, wie sie mich etwa mit meinen Grillfreunden aus meinen Wettbewerbszeiten, mit Grill-Ueli aus der Schweiz oder mit Michael Hoffmann aus Deutschland, verbindet. Auch die herzliche Gastfreundschaft, die mir vor über einem Jahrzehnt in Memphis, USA, entgegengebracht wurde, hat mich geprägt. Rudolf Jäger und Andreas Rummel, Grillfreunde und Grillbuchautoren mit „Meister am Grill", haben mich ebenfalls sehr bereichert. Die zahlreichen Grillfreunde von der ABA, dem Österreichischen Grillverband, sind ebenfalls sehr wertvoll. Eine wahre Grill-Freundschaft ist auch mit Adi Bittermann entstanden und ich freue mich auf viele genussvolle, unkomplizierte Stunden bei Grill und Barbecue mit Adi. Viele meiner Grillschüler sind zu Freunden geworden und ich bin sehr stolz darauf. Eine besondere Freundschaft möchte ich Euch aber stellvertretend für alle meine liebgewonnenen Grillkollegen auf der nächsten Seite vorstellen.

FREUNDSCHAFT & GRILLEN

GRILLEN MIT DER FAMILIE

Grillen fördert die soziale Kompetenz und ist heute für die Familie wichtiger denn je. Früher – und dieses „Früher" ist nicht lange her, ich rede hier von ca. 2 Jahrzehnten – gab es das sogenannte „Mittagessen": Die Mutter kochte das Essen, die Kinder kamen von der Schule mittags nach Hause und oft schaffte es auch der Vater in der Mittagspause zum Mittagstisch nach Hause. Mahlzeiten wurden im Familienverbund verzehrt und es gab einen kurzen, aber wichtigen Austausch rund um den Mittagstisch. In unserer Leistungsgesellschaft ist dieses geschilderte Szenario zur Ausnahme geworden. Kinder haben die Fünftagewoche und kommen oft erst gegen 17 Uhr nach Hause, auch der Vater ist die wenigste Zeit zu Mittag zu Hause, sondern isst, weil es bequemer und oft auch nicht anders möglich ist, in der Kantine oder eben außer Haus. Und die Rolle der Mutter hat sich längst auch gewandelt, denn sie ist sehr oft ebenfalls berufstätig. Häufig verbringen die Eltern mit den Kindern bereits weniger Zeit als die Lehrer in der Schule.

Das Grillen am Abend kann dieses soziale Manko wieder ausgleichen, denn wenn die berufstätigen Eltern zwischen 16 und 18 Uhr nach Hause kommen, ist es möglich, mit der bekömmlichsten Speisenzubereitung – dem Grillen – die „Sippe" von einst wieder um das Lagerfeuer, sprich den Grill zu vereinigen und den sozialen Austausch zu pflegen: Man isst, plaudert, hört zu, wird gehört, verstanden und wahrgenommen. Man hat schlicht das Gefühl, geschätzt und gebraucht zu werden.

Soziale Kompetenz heißt ACHTSAMKEIT dir SELBST und ANDEREN gegenüber, in dem BEWUSSTSEIN der VERÄNDERUNG und des WACHSTUMS ringsum. Es gilt, sein eigenes Leben und jenes der Mitmenschen unter Beachtung dieser Regeln positiv zu gestalten.

Unter diesen Gesichtspunkten haben die optimale Vorbereitung eines Steaks und der Genuss desselben durchaus Ähnlichkeit mit dem Leben an sich!

Kurz: GRILLEN BEEINFLUSST DIE QUALITÄT DES LEBENS POSITIV!

ADI MATZEK & PIERRE LAURENT

Meiner persönlichen Meinung nach sind für ein gelungenes Grillfest nur die Freundschaft und die Freude rund um Glut und Feuer notwendig! Es ist dies eine Einsicht, die ich einer besonderen Grill-&-Barbecue-Freundschaft verdanke: jener mit Pierre Laurent, der im wunderschönen Waldviertel seine Heimat gefunden hat.

Paul-Pierre Laurent ist 1933 in St. Helier auf der Kanalinsel Jersey geboren; als Sohn bretonischer Eltern absolvierte er eine tolle Karriere, die ihn vom Hyde Park Hotel in London über den *Oceanliner* Queen Elisabeth I. bis ins Hotel Bristol und ins Marriott in Wien führte.

Pierre beeindruckt mit seinen Sprachkenntnissen in Französisch, Deutsch, Englisch, Italienisch und Spanisch, und es immer eine Freude, mit ihm Menschen aus allen Regionen der Erde zu treffen und im Gespräch ihre Verwunderung ob seiner Sprachkenntnis zu beobachten.

Über den Herd und über den Kochtopf hinauszublicken ist immer Pierres Eigenschaft gewesen, so kam es zum Zusammentreffen zwischen dem leidenschaftlichen Koch und dem Grillmeister. Pierre erkannte wie so viele andere Grillfreunde die Parallelen zum Kochen, ihn faszinierte aber auch das spannende Ungewisse, das jedes Grillgeschehen über Glut und Feuer begleitet. Es begann eine väterliche Freundschaft zwischen Pierre Laurent und mir und beide lernten wir gegenseitig voneinander. Immer wieder holt Pierre fast Vergessenes oder auch Neues hervor, das dann am Grill umgesetzt wird. Zumeist kommt ein kleiner Zettel mit einem Rezept auf meinen Schreibtisch, dann folgt ein Telefonat mit den Worten „Ich hab da was, Adi, das müsste doch auch am Grill machbar sein!" – frei nach seinem Motto:

Es ist eine Gabe zu genießen, diese zu pflegen und zu erweitern sei unser aller Ziel!

Für seine beiden Grillfreunde Adi & Adi, aber auch für alle grillbegeisterten Menschen, die dieses Buch in Händen halten, hat er folgenden Tipp: **Die wichtigste Zutat in jedem Rezept ist nicht die Würzung, sondern die Erfahrung des Grillmeisters!**

GRILLER**KUNDE**

Der Grillgerätekauf

Die meisten Menschen besitzen ein Grillgerät, das ihren Bedürfnissen mehr oder weniger gut angepasst ist. Die Bedürfnisse ändern sich aber derzeit sehr nachhaltig, und so ist der Trend zum Zweit- und Drittgrill bei uns eingezogen. Es ist einfach entspannter, mit zwei Grillgeräten zu arbeiten und die Speisen mit der erforderlichen Temperatur zuzubereiten und dabei die Hitze den gewählten Lebensmitteln auch anpassen zu können. Oder können Sie sich noch eine Küche mit einem einzigen Kochfeld vorstellen? Oft wird beim Grillerkauf in der Familie diskutiert, Vorlieben werden erörtert, die Finanzen eingeteilt. Faktum ist, dass hochwertige Materialien eingesetzt werden müssen, um ein hochwertiges Gerät zu erhalten, der Kauf von Billigstprodukten ist somit nicht ratsam. Das optimale Grillgerät sollte aber in erster Linie nach den eigenen Essensgewohnheiten ausgewählt, sprich diesen angepasst werden, denn nur so erhalten Sie beste Ergebnisse und damit gesteigerte Lebensqualität und Freude.

Am besten, Sie überlegen zunächst einmal, welche Speisen bei Ihnen bevorzugt auf dem Teller landen sollen, und mit dieser Liste sollten Sie dann das technisch richtig ausgestattete Gerät aussuchen. Der Fachhandel unterstützt Sie dabei mit Sicherheit bestens, um einen Fehlkauf zu vermeiden. Das gut ausgebaute Händlernetz mit Service und Nachbetreuung ist bei qualitativ hochwertigen Grillherstellern ein Garant für Sie, dass Sie auch noch nach Jahren Ersatzteile für Ihren Grill bekommen.

Der typische Drittgrill ist zumeist ein Platz sparendes und kleineres, mobiles Gerät, welches in jeden Kofferraum passt und für gewisse Stunden zu zweit vollkommen ausreicht.

Einen Grill kauft man nicht einfach, in ein Grillgerät investiert man, und steigert damit die eigene Lebensqualität.

Holzkohlegrillgeräte

Die meisten Grillfreunde sind der Holzkohle verfallen. Der Grund hierfür ist sicherlich, dass die Glut der Kohle dem ursprünglichen Lagerfeuer mit seiner ganzen Wildheit und Romantik, dem Abenteuer von damals, am nächsten kommt. Viele Grillkollegen schwören auf den „besseren", „anderen" Geschmack. Den kann man tatsächlich erleben, wenn sehr fetthaltige Produkte gegrillt werden und etwas abtropft. Der geübte Gaumen kann dann tatsächlich einen spezifischen Geschmack feststellen, dies ist jedoch nur bei der direkten Grillmethode möglich und bei mageren Produkten kaum feststellbar. Bei der indirekten Methode sind kaum Unterschiede am Produkt zwischen gasbetriebenen oder holzkohlebefeuerten Grillgeräten bemerkbar.

Denn abgesehen vom Faktor „Emotion", ist Holzkohle aus dem Blickwinkel der Wissenschaft betrachtet nichts anderes als zum größten Teil Kohlenstoff, und dieser verbrennt zu Kohlenstoffdioxid, welches keine Geschmacksveränderung am Grillgut mit sich bringt.

Die Anzahl an verschiedenen Modellen ist fast unüberschaubar. Wichtig erscheint mir dabei, dass der Materialeinsatz ein überzeugender ist und der Grill einen Deckel oder eine Haube als Abdeckung zur Hitzereflexion besitzt. Der früher beliebte offene Grill mit einer möglichen Einstellung verschiedener Rosthöhen, in transportabler oder fixer Form, wie die gemauerten Kamine, wird zusehends durch den Kugelgrill ersetzt.

Die Frage nach der Größe der Grillfläche ist entscheidend, die familientauglichste Größe bei einem Kugelgrill liegt bei ca. 57 cm Durchmesser.

Der Klassiker unter den geschlossenen Grillsystemen: Oklahoma Joe's BBQ Smoker Chuckwagon 16"

Gasgrillgeräte

Oft wird ein Gasgrillgerät gewählt, weil es ein „sauberes" Grillen ohne Staub und Asche ermöglicht und zugleich eine sehr hohe Leistungsfähigkeit bei der Hitzeabgabe bietet. An Gasgrillgeräten gibt es heute vom kleinen mobilen Gasgrill bis zur perfekten Outdoorküche alles am Markt. Der Preisrahmen liegt hier im Bereich von ca. € 200,- bis € 7.000,- und darüber. Gasgrillgeräte bieten hohen Komfort für den Grillmeister bei der Regulierung der Hitze. Da es eine sehr breite Angebotspalette gibt, sollte man die eigenen Bedürfnisse gut ausloten, um dann die Kaufentscheidung für ein optimal passendes Gerät treffen zu können.

Entscheidend für ein langlebiges Gerät sind wieder der Materialeinsatz und vor allem der Servicebereich, den der Hersteller für seine Geräte anbietet. Das Gerät sollte einen Deckel als Hitzereflektor haben und wer gerne mit Rotisserie und Spießen arbeitet, sollte nicht auf einen rückwärtigen Brenner als Ausstattungsmerkmal vergessen. Wer wirklich alle Arbeiten in der Naturküche erledigen möchte, der sollte sich auch für einen Seitenkocher entscheiden – der Weg in die Küche ist dann kaum mehr notwendig. Für Liebhaber hochwertiger Steaks empfiehlt es sich, ein Gasgrillgerät zu erstehen, das eine eigene zusätzlich heißere Zone für die Zubereitung hochwertiger magerer Fleischstücke anbietet.

Elektrogrillgeräte

Diese Geräte sind für die kleinen Mahlzeiten zwischendurch geeignet oder für Fälle, in denen der Gesetzgeber kein anderes Grillgerät zulässt. Da es sich bei Elektrogeräten zumeist um kleinere Grillgeräte handelt, sind diese in erster Linie zum direkten Grillen geeignet. Einige Geräte am Markt haben bereits einen Deckel und sind somit leistungsfähiger, weil weniger Energie entweicht. Bei der Stromversorgung ist auf einen ausreichenden Querschnitt des Kabels zu achten, wenn möglich sollte die verwendete Steckdose über eine eigene Sicherung verfügen. Benützen Sie nur die Verlängerung mit ausreichendem Querschnitt, die Sie bis zum Gerät unbedingt benötigen. Ein Kabel mit 15 m Länge, das auf der Trommel liegt und nicht abgerollt ist, kann verschmoren und Schaden nehmen.

Smoker

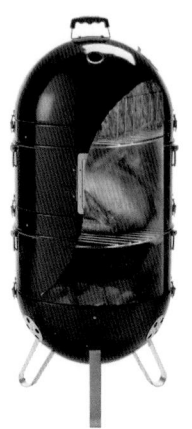

Die besten Ergebnisse für ein geschlossenes Grillsystem erhält man bei einem sogenannten „Smoker". Hier ist Räuchern und aromatisches Rauchgaren oder Garen möglich. Direktes Grillen ist in der „Feuerbox", wenn das Holz heruntergebrannt ist, bedingt möglich. Dafür sind diese wuchtigen Geräte grundsätzlich nicht gebaut. Ihr Haupteinsatzgebiet ist das Garen von größeren Fleischstücken über einen längeren Zeitraum, das sind im Regelfall mindestens 2 bis 20 Stunden. Garen über einen kürzeren Zeitraum nennt man „Barbecuen", beim längeren Zeitraum wird die Hitze oft weiter reduziert, dieses Verfahren wird „Smoken" genannt, bei uns spricht man landläufig von einem typischen Heißräucherverfahren.

Befeuert wird ein Smoker generell mit Hartholz, das möglichst wenig Rindenanteil hat, aber auch das Mischen mit Holzkohlebriketts empfiehlt sich, damit der Geschmack am Grillgut nicht zu „rauchdominant" ist. Wir empfehlen hier unbedingt, den Rauchgeschmack zu „zivilisieren", das kann über fallweise Befeuerung mit Holzkohle geschehen, aber auch das Abdecken oder Einwickeln in eine Grillfolie ist hier oft hilfreich. Ein entscheidender Punkt sind auch die Gewürzmischungen. Wer einen Smoker sein Eigen nennt und mit herkömmlichen Gewürzen arbeitet, wird oft an die Grenzen des guten Geschmacks kommen. Die Ersten, die sich ablehnend gegenüber nicht fachmännisch erzeugten Produkten vom Smoker äußern, sind Frauen – sie beweisen oftmals einen sehr feinen Geschmackssinn und tun dann ihren Unmut über einen aschenbecherähnlichen, teerigen Geschmack auch kund. Das Geheimnis der speziellen Gewürzmischungen, wie sie in Amerika verwendet werden, der sogenannten „Rub-Gewürze", liegt zumeist in den enthaltenen Zuckeranteilen, die den Rauch neutralisieren, etwas abschließen und somit harmonischer machen. Bei Verwendung derartiger Mischungen wird oft vorher trocken mit dem Rub eingewürzt. Während des stundenlangen Garens wird das Fleisch mithilfe eines Mopps mit Ölmarinade eingepinselt, damit es nicht austrocknet. Derart liebevoll gehegte und gepflegte Fleischstücke aus dem Smoker sind geradezu eine Offenbarung und sorgen für eine immer größer werdende Fangemeinde dieser Gerätegattung.

Dutch Oven

Diese schwarzen Gusseisentöpfe mit einem Deckel, der dicht abschließt, sind wahre Wunderdinger. Aber nicht, was das typische Grillen anbelangt, sondern was Braten- und Schmorgerichte angeht, kann diesen archaischen Lagerfeuerutensilien so leicht keine noch so moderne Küchenmaschinerie auch nur annähernd das Wasser reichen. Warum Adi & Adi von diesen unscheinbaren Dingern so angetan sind, werden Sie erst verstehen, wenn Sie einmal ein Schulterscherzel von einer heimischen Fleckviehkalbin mit grob geschnittenen Gemüsestücken im Dutch Oven zubereitet serviert bekommen. Das Fleisch schmilzt auf der Zunge, die Sehne, die den Fleischteil durchzieht, ist vollkommen glasig und zergeht wie Butter, wobei, und das sei festgestellt, gleichzeitig das Gemüse noch immer eine angenehm feste Konsistenz aufweist und nicht musig wird. Im Gegenteil: Die Karotte hat noch immer Biss und der Geschmack gleicht einer Essenz derselben. Die Handhabung ist denkbar einfach: Wer ein Lagerfeuer hat, stellt den Dutch Oven einfach an den Rand des Feuers und legt Glutscheite obenauf. Perfekt und ohne Lagerfeuer geht dies mit Holzkohlebriketts, die auf den Deckel gelegt werden und ebenso unter dem Topf platziert werden – somit entsteht Oberhitze und Unterhitze, die anhand der Anzahl der Briketts gesteuert werden kann.

Kistensau-Grillgerät

Die Kistensau (Grillkiste) ist der Nachfolger der urigsten Form der Nahrungsmittelzubereitung, des Aborigines-Grills, vielen bekannt als das Grillen in der Erdgrube – mit dem großen und entscheidenden Unterschied: Dort herrscht ein trockenes Medium mit Unterhitze. Anders bei der Grillkiste: Hier gibt es nur Oberhitze und es wird Feuchte in den Garraum gegeben.
Wer hat sie eigentlich erfunden?
Diese Frage ist bis zum heutigen Tage nicht geklärt, Faktum ist, dass die Sau in der Kiste (Kistensau) nur im nördlichen Niederösterreich, dem Waldviertel, Richtung oberösterreichischer Grenze, bekannt und allseits beliebt ist. Ebenso bekannt ist sie im benachbarten oberösterreichischen Mühlviertel, wo, laut meinen Recherchen, wahrscheinlich auch die Wurzeln dieser Erfindung liegen. Beide Landstriche bestehen darauf, die Erfinder zu sein, aber wie gesagt, wir wissen bis heute nicht, wer dieses tolle Grillgerät erdacht hat.
Die Kiste selbst besteht komplett aus Edelstahl und hat zumeist an der Unterseite Räder, ältere Modelle hatten wie bei einer Sänfte seitlich lange Stäbe zum Tragen. Der Deckel der Kiste wird meist aus normalem Eisenstahl hergestellt und dient gleichzeitig als Feuerstelle. Die Edelstahlkiste wird rundherum isoliert. In der modernen

Bauform handelt es sich bei der Isolierung um Dellwollmatten. Über diese Isolierung wird mittels Holzbretter ein Holzverschlag gezimmert. Durch die Hitze des Holzfeuers von oben werden die Speisen im Inneren indirekt sehr schonend erhitzt. Gegart wird auf einem Rost, auf dem die Fleischstücke aufgelegt werden, in die darunterliegende Wanne wird Wasser gegeben. Alle Sorten Fleisch und auch Beilagen wie Erdäpfel und Semmelknödel oder Gemüse können auf diese Weise unkompliziert zubereitet werden. Zum Entnehmen der Speisen wird der Deckel mit dem Feuer abgehoben und zur Seite geschoben.
Die Produkte werden unvergleichlich saftig und mürbe, das Highlight aus einer Kiste ist bei Schweinefleisch sicher die Schwarte, die eine unnachahmliche Kruste bekommt. Da mir die Kiste tolle geschmackliche Erlebnisse bereitet hat, bin ich derzeit dabei, kleinere Modelle dieses österreichischen Aborigines-Grills in Haushaltsgrößen mit dem Namen „Adi Matzek's Grillkiste" zu entwickeln.

Recyclinggrillgeräte/Upcycling

Des Öfteren wurden schon alte Einkaufswagerl vom Supermarkt spontan als Grillrost zweckentfremdet und mussten als Grillgerät herhalten. Das zeugt zwar von Einfallsreichtum, aber nicht unbedingt von hoher Grillkultur. Was uns aber sehr gefallen hat, ist das Experiment mit der großen alten Gurkendose. Diese wird über das Grillgut gestülpt, dann platziert man auf der Dose Grillbriketts und schlichtet rund um die Dose unten anliegend einen Ring aus Briketts. Im Inneren erhalten Sie dadurch ca. 180 °C bis max. 200 °C, somit können viele Grillgerichte zubereitet werden. Unser Rezept dazu finden Sie auf Seite 113. **Unser Tipp:** Brennen Sie die Blechdose vor dem ersten Gebrauch aus, da auf der Innenseite oft Beschichtungen aufgetragen sind, die sich sonst lösen könnten.

GRILLUTENSILIEN

Beim Zubehör ist mittlerweile ein gewaltiges Angebot von sinnvollen und auch weniger sinnvollen Dingen vorhanden. Im Folgenden finden Sie jene Produkte, die unbedingt zur guten Basisausstattung eines umsichtigen Grillmeisters gehören.

Alufolie zum Einwickeln von empfindlichem Grillgut; ideal z. B. für das Grillen von Kräutern: Einige zarte Zweiglein werden gerne indirekt zusammen mit anderen Produkten in einem Päckchen aus Alufolie gegart, so vertragen auch Kräuter die Hitze gut, wie z. B. Basilikum in einem Paradeiser-Mozzarella-Päckchen. Auch zum Abdecken von gegrilltem Fleisch ist Alufolie unabdingbar und natürlich auch für Folienkartoffeln.

Grillzange: Sie sollte leicht zu reinigen sein und ca. 40 cm lang sein.

Grillhandschuhe: Nehmen Sie geeignete Grillhandschuhe, die wirklich dafür erzeugt wurden, bei oftmals gesehenen Glattleder-Baumarkthandschuhen besteht extreme Verbrennungsgefahr!

Grillschürze: Zum Schutz der Kleidung sollte der Grillmeister immer eine Schürze tragen; ob die Wahl auf eine Schürze mit Latz fällt oder ob nur ein Vorbinder getragen wird, liegt im Auge des Betrachters. Sinnvoll sind lang eingeschlitzte Schürzen, die Bewegungsfreiheit bieten.

Grilltassen: Sind im Grillalltag unverzichtbar, praktisch vor allem für Grillgut, das so kleinteilig ist, dass es durch den Rost fallen würde.

Reinigungsbürste: Sollte aus Messing oder aus Nirosta hergestellt sein, auf keinen Fall eine Eisenbürste aus dem Baumarkt verwenden, weil die Eisenspäne den Grillrost angreifen.

Anzündkamin: Ist das Um und Auf für den Holzkohlegriller, wenn man Briketts verwendet. In einem genauen Zeitbereich ist so jederzeit glühende Kohle zur Stelle.

Bratenwender: Sollte möglichst aus Edelmetall sein, um das große Grillgut schonend wenden zu können. Nützlich auch fürs Umrühren und Entnehmen von Gemüse.

Messer: Sollte ein hochwertiges Produkt sein, damit die Schneide lange hält. Vier Größen gehören zur Basisausstattung: ein Fleischmesser, ein Filetiermesser (schlank und spitz), ein Gemüsemesser (groß, zum Zerkleinern) und ein kleines Gemüsemesser für die Kleinarbeiten.

Schneidebrett: Ein ordentliches Schneidebrett mit einer ausreichend großen Saftrinne sollte in keiner Grillmeisterausstattung fehlen. Modelle mit doppeltem Aufbau für Abschnitte sind tolle Helfer in der Grillvorbereitung, die Mehrausgaben dafür sind gut investiert.

Kernthermometer: Das Kernthermometer ist eine besondere Hilfe, um die Garstufe für das Grillfleisch zu kontrollieren. Es gibt sowohl Modelle mit Funksteuerung als auch herkömmliche kabelgebundene Geräte. Meist sind digitale Thermometer im Umlauf, aber auch die normalen analogen Einstichthermometer leisten gute Dienste. Hierbei ist darauf zu achten, dass hitzebeständiges Glas verwendet wurde, sodass das Thermometer im Grillgerät verwendet werden kann.

Grillzubehör (Fotos von oben nach unten):

Bratengabel, Fleischmesser, Bratenwender, Grillzange, Bratenspießer, Reinigungsbürste (v. li. nach re.)

Sicherheitshandschuhe, Grillschürze

Anzündkamin, Anzündwürfel, Holzkohlebriketts

Pizzaplatte, Hendlhalter, Bratenkorb, Zedernholzräucherbretter, Gemüsegrillplatte, Räucherspäne (v. li. nach re.)

FEUER MACHEN, HITZE, SICHERHEIT

Wer mit **Holzkohlebriketts** arbeitet, sollte zum Entzünden auf einen Anzündkamin zurückgreifen. Mit diesem Hilfsmittel ist je nach Art der verwendeten Briketts in ca. 30 bis 45 Minuten ein Grillstart möglich. Für kleine Holzkohlebruchstücke ist der Anzündkamin eher nicht geeignet.

Holzkohle in der normalen Bruchstückform zur Pyramide aufschichten und dazwischen trockene Anzündwürfel oder Holzwollmäuse (in Paraffin getränkte Holzwolle) einsetzen. Nach dem Entzünden dauert es ca. 45 Minuten, bis die glühende Holzkohle am Kohlerost verteilt werden kann. Auch Elektroheizstäbe sind gute Hilfsmittel zum Entzünden der Holzkohle, vorausgesetzt, es ist ein Stromanschluss vorhanden. Die altbewährte Methode, mit kleinen Holzspänen eine kleine Basisfeuerstelle zu errichten, an der sich die Holzkohle entzünden kann, ist noch immer eine weit verbreitete Methode, sofern Kleinholz im Haushalt vorhanden ist.

Beim **Gasgrillgerät** ist der Anzündvorgang ein Kinderspiel und in wenigen Augenblicken geschehen. Aber auch beim Gasgrill benötigen Sie eine Aufheizzeit von ca. 15 Minuten, um den Rost und den Garraum zu erhitzen. Zuerst überprüfen Sie, ob alle Gasregler am Gasgrillgerät geschlossen sind. Danach öffnen Sie bei der Gasflasche die Gaszufuhr und nun können die Brenner mittels Piezo- oder Elektrozündung bei geöffnetem Deckel eingeschaltet werden.

Bei einem Gasgrillgerät empfiehlt es sich, immer einen Leckspray dabei zu haben, um damit auf absolute Dichtheit zu überprüfen. So abgesichert, können Sie unbesorgt dem Grillvergnügen nachgehen. Beim Beenden des Grillvorgangs sollten Sie zuerst das Ventil der Gasflasche schließen und erst danach auch die Brenner des Grillgerätes abdrehen, somit vermeiden Sie unangenehmen Gasgeruch.

Gasgrillgeräte sollten einmal im Jahr von einem Gasfachmann überprüft werden, was in manchen Bundesländern, vor allem für Cateringbetriebe, sogar Vorschrift ist.

Beim **Smoker** empfiehlt es sich, mit der Pfadfindermethode mit kleinen Holzspänen überkreuz gelegt ein kleines Feuer zu entfachen, an dem die größeren Holzscheite anbrennen können. Wichtig ist beim Nachbefeuern des Smokers, dass immer die gehackte Seite und nicht die Rindenseite zum Anbrennen an die Glut gelegt wird – damit vermeiden Sie unnötig lange Anbrennzeiten und die damit verbundene Rauchentwicklung. **Kleiner Profitipp:** Öffnen Sie die Feuerbox beim Nachlegen in der Anbrennphase einen Spalt, denn der Sauerstoff, der zugeführt wird, erleichtert das Anbrennen und der erste, eher beißende, scharfe Rauch kann noch in die Brennkammer entweichen.

Allgemeine Sicherheit

Wählen Sie Ihren Grillplatz in einem windgeschützten, ebenen Bereich, der nicht im unmittelbaren Gehbereich liegt. Achten Sie auf festen Untergrund, damit das Grillgerät gute Standbedingungen vorfindet. Vom Sitzbereich aus sollten Sie Ihr Grillgerät gut einsehen und somit optimal überwachen können. Alle brennbaren Gegenstände oder Pflanzen sollten genügend Sicherheitsabstand zum Grillgerät haben.

Halten Sie immer eine Löschdecke und einen Feuerlöscher bereit, für den Fall der Fälle.

Ein mit Sand gefüllter Kübel sollte ebenfalls immer dabei sein, sei es als Aschenbecher oder um einen möglichen Fettbrand im Grillgerät im Keim zu ersticken.

Löschen Sie einen Grillbrand nie mit Wasser, dies kann zu einer Fett-Wasser-Explosion führen!

Wenn Kinder bei dem Grillvergnügen dabei sind, nehmen Sie die Kleinen doch beim Anzünden als Helfer dazu, dies gibt Ihnen die Sicherheit, dass auch die Kinder wissen, ab jetzt ist das Grillgerät heiß und es ist Vorsicht geboten. Mit kleinen Schritten wie diesen integrieren Sie unsere Kleinsten in ein sicheres, gemeinsames Grillerlebnis, das Verstehen und Begreifen von Hitze ist viel wirksamer als alle ermahnenden Verbote.

DIE GRILLTECHNIKEN

Vom Grillen sprechen wir generell, wenn Lebensmittel mit der trockenen Strahlungshitze einer Energiequelle (meist Holzkohle oder Gas) bei Temperaturen über 150 °C auf einem Rost zubereitet und gegart werden.
Der dabei entstehende Bräunungseffekt wird Maillardreaktion genannt, nach seinem Namensgeber, dem Engländer John Maillard.

Das direkte Grillen:
Die ureigenste aller Grilltechniken, hierbei wird das Grillgut auf einem Rost direkt über der Energiequelle gebräunt und gegart. Die verwendete Temperaturzone liegt hier meist bei 180 °C bis 300 °C.
Vom Grillen spricht man generell, wenn die Temperatur über 150 °C beträgt.

Das indirekte Grillen:
„Grillen für faule Intelligente" – dieser Begriff wurde in Adi Matzeks Seminaren geprägt. Es ist dies die „modernere" Art des Grillens – dabei wird das Grillgut seitlich von der Hitzequelle platziert, man kann dementsprechend auch größere Grillstücke zubereiten. Die heute gebräuchlichsten Grillgeräte haben zudem einen Deckel, der die Hitze einfängt und reflektiert.
Die verwendete Temperaturzone liegt hier meist bei 150 °C bis ca. 250 °C.

Das Barbecuen:
Das Barbecuen ist immer ein indirektes Grillen, bei dem die Temperatur weiter abgesenkt wird. Genauer gesagt: Vom Barbecuen spricht man, wenn Temperaturen von 90 °C bis 150 °C verwendet werden.

Das Smoken (Warm- oder Heißräuchern):
Beim Smoken handelt es sich ebenfalls um einen indirekten Grillvorgang; die Temperatur wird dabei im Vergleich zum Barbecuen noch weiter abgesenkt: Sie beginnt bei 30 °C, zumeist wird aber eine Temperatur von 60 °C bis max. 90 °C gewählt. Dabei wird auch Rauch verwendet, der durch Räucherspäne im Grillgerät oder durch Hartholzbefeuerung beim klassischen Smokergerät erzeugt wird. Dadurch entsteht automatisch eine „Rauchbegleitung"; man spricht in diesem Zusammenhang auch vom „Heißräuchern".

Das Smoken (Kalträuchern):
Beim Smoken mit einer Temperatur unter 28 °C spricht man von Kalträuchern, dies ist zumeist nur in der kälteren Jahreszeit und mit speziell dafür ausgelegten großen Smokergeräten möglich. Der Rauch ist bei dieser Technik wieder obligat und trägt seines zum Veredeln der Speisen bei. Die Hölzer wollen bei den Smokertechniken gut ausgesucht sein, Hartholz, das gut getrocknet ist, ist ein idealer Werkstoff. Bei der Ermittlung der Lieblingssorte ist Forschergeist angesagt, hier geht nichts über eigene Erfahrung und persönliche Vorlieben.

Die Erfahrung hat gezeigt, dass die Kombination der verschiedenen Techniken miteinander optimale Ergebnisse und oft ungeahnte Qualitäten für die unterschiedlichsten Lebensmittel erbringt.

FÜR JEDEN GESCHMACK
IST EIN KRAUT GEWACHSEN

EINE KLEINE KRÄUTERKUNDE

Kräuter sind beim Grillen einfach nicht wegzudenken. Hierbei gibt es verschiedenste Möglichkeiten, das Grillgut mit dem würzigen Geschmack der Kräuter zu aromatisieren:

Marinieren: Neben vielen Gewürzen werden natürlich auch Kräuter beim Marinieren verwendet. Nimmt man frische Kräuter für die Marinade, dann sollte diese vor dem direkten Grillen etwas abgetupft werden, sodass die zarten Kräuter nicht verbrennen.

Feste Kräuterzweige als Spieß verwenden: z. B. Lamm auf Rosmarinzweig, Fischfiletstücke auf Zitronengras

Räuchern: Zum Räuchern eignen sich vor allem festere Kräuter, wer möchte, gibt die Kräuter direkt auf die Glut, wo sie verglimmen und ihr Raucharoma abgeben. Etwas mehr Geschmack liefern die Kräuter, wenn man aus Alufolie ein perforiertes Päckchen formt, die Kräuter hineingibt und das Ganze auf die Glut legt, die Aromastoffe können sich hier langsamer entfalten.

Auflegen aufs Grillgut: Eine sehr einfache Möglichkeit fürs indirekte Grillen ist es, ein paar Zweige der Kräuter auf das Grillgut zu legen. Ein Zweiglein Rosmarin hat einer Hühnerbrust noch nie geschadet.

Einwickeln in würzige Blätter: z. B. jeweils zwei Stängel frischen Oregano, Thymian, Petersilie und 2 Lorbeerblätter pro Seite auf einem Camembert platzieren. Dann mit Garn zu einem kleinen Paket verknoten. Nun am Grill auf einer Gussplatte auf jeder Seite ca. 4 Minuten grillen, die Blätter werden vor dem Genuss des heißen Camemberts wieder entfernt.

Mit dem Grillgut in Alufolie wickeln: Einige zarte Stücke werden gerne indirekt in einem Päckchen aus Alufolie gegart, so vertragen auch zarte Kräuter die Hitze gut, wie z. B. Basilikum in einem Paradeiser-Mozzarella-Päckchen.

Kräutersaucen und Kräuterbutter: Hier treffen die Kräuter das Grillgut erst auf dem Teller, einer der Klassiker hierbei ist wohl die Grillkartoffel mit Schnittlauchsauce, aber auch andere Kräuter wie Basilikum, Kerbel, Pimpernelle etc. fühlen sich aromatisch gut aufgehoben in Sauce und Butter.

Fertige Grill-Speise mit Kräuter-Würzsauce bestreichen, z. B. mit argentinischem Chimichurri:

3 Knoblauchzehen, 2 Frühlingszwiebeln, 180 ml Olivenöl, 3 EL Rotweinessig, 3 EL Zitronensaft, 1 TL Meersalz, ½ TL Pfeffer, ½ TL Chili-Flocken, 150 g Petersilie, 100 g Koriander, 50 g Minze; alle Zutaten in einem Mixer mixen, bis eine grüne Masse entsteht, in der Textur ähnlich wie Pesto; typisch argentinisch für gegrilltes Rindfleisch, aber auch Freunde von Lamm und Huhn werden diese Komposition lieben.

Einige grill-typische Kräuter sind:

Rosmarin: Wegen seines intensiven Geschmacks wird Rosmarin vorsichtig dosiert, er harmoniert hervorragend mit Hühnerfleisch und Grillkartoffeln; aber auch Lammgerichte profitieren von Rosmarin.

Thymian: Aufgrund seiner fettabbauenden Wirkung wird Thymian gerne bei fetteren Fleischstücken verwendet; geschmacklich ist er ein echtes Allroundtalent, verschiedensten Fleischsorten und auch Gemüsegerichte gibt Thymian sein würziges Aroma.

Petersilie: Petersilie wird beim Grillen vor allem zum Würzen von Salaten und Grillsaucen verwendet, weiters ist sie ein typisches Kraut für Fischgerichte.

Basilikum: Das pfeffrig-frische Aroma von Basilikum wird gerne für Geflügel und Paradeiser verwendet, auch Fischgerichten gibt Basilikum oft den letzten Pfiff.

Majoran: Majoran fühlt sich mit Fleisch wohl, gerne eingesetzt wird er bei Faschiertem sowie Lammbraten, Rinderbraten und Schweinebraten.

Oregano: Geflügel, Fleisch, Gemüse oder Kartoffeln – Oregano ist ein echter Alleskönner.

Pfefferminze: Pfefferminze wird beim Grillen gerne zum Würzen von Lamm verwendet oder gibt Süßspeisen mit Früchten einen wunderbaren Frische-Kick.

Bärlauch: Der an Knoblauch und Schnittlauch erinnernde Bärlauch ist z. B. eine wunderbare Würzzutat für Kräuterfüllungen.

Currykraut: Der Geruch des Currykrauts ähnelt sehr dem küchenbekannten Curry und kann daher auch Grillgerichte mit seiner curryähnlichen Note verzaubern.

Zitronengras: Die festeren Stängel des Zitronengrases ergeben wunderbare Spieße für zartes Fleisch wie Fisch oder Geflügel, denen das Zitronengras seine frische, zitronige Note verleiht. Feinst geschnitten oder zur Paste zermörsert, kann Zitronengras auch als Zutat für eine Marinade dienen.

Diverse Kräuter harmonieren herrlich mit Ölen. Dazu ein Tipp:

Ein hochwertiges Öl mit frischen, gesäuberten Basilikumblättern in einem Glas ansetzen und einige Tage ziehen lassen. Dies ergibt ein wunderschön aromatisches Basilikumöl. Probieren Sie Ihre Lieblingskräuter auf diese Weise aus und stellen Sie Ihr eigenes Kräuteröl zusammen, auch das Mischen von Kräutern ergibt dabei tolle Aromen.

Welche positiven gesundhetlichen Auswirkung die Kräuter abseits der angenehmen Geschmacksebene haben, beleuchtet unser Gastautor Mag. Christian Putscher im Kapitel „Grillen is(s)t gesund" auf Seite 30.

SALZEN, PFEFFERN, WÜRZEN

Die Basis für jede Würzung sind Salz und Pfeffer.

Für viele unserer Grillkollegen ist diese Basis bereits ausreichend, um einen vollendeten Geschmack zu erzielen.

Salz

Das Thema „Salzen" teilt die Grillfans schon seit Jahrzehnten in zwei Lager: Die einen warnen vor einem Wasserentzug durch die Kochsalzzugabe auf rohes Fleisch und salzen so erst ihr fertig gegrilltes Steak. Und die anderen, die mit der Salzzugabe vor dem Grillen einen besseren Geschmack bei ihren Steaks orten meinen, dass „von Trockenheit oder harten Stücken keine Spur" zu bemerken sei. Seit über einem Jahrzehnt, genauer gesagt seit meinem USA-Trip im Mai 2000, auf dem ich mit der österreichischen Nationalmannschaft bei „Memphis in May", dem größten amerikanischen Grill- & Barbecuewettbewerb, angetreten bin, weiß ich, dass die Salzzugabe vor dem Grillen keine Beeinträchtigung dess Fleisches am Grill bedeutet. Im Gegenteil: Nach unzähligen Tests und Gesprächen bin ich überzeugt davon, dass das frühe Salzen sogar positive geschmackliche Effekte bewirkt. Diese Erfahrung gebe ich in meiner 1. Österreichischen Grillschule seit einem Jahrzehnt an meine lieben Grillseminarbesucher weiter. Und trotzdem war oft weiter Skepsis vorhanden, sogar in Seminaren und Kochkursen wurde von sehr renommierten Köchen die alte Lehre von „Du darfst vor dem Grillen nicht salzen!" verkündet.

RICHTIG SALZEN – WISSENSCHAFTLICH BETRACHTET

In meinem Grillbuch „Grillgenuss" aus dem Jahre 2010 habe ich mit dem ersten öffentlichen Salztest Europas über das Phänomen „Salzen vor oder nach dem Grillen" berichtet.

Jetzt, nach über 10 Jahren nahezu alleiniger Pionierarbeit, bekomme ich Unterstützung durch eine neue Studie: Die Universität für Bodenkultur befasste sich mit wissenschaftlicher Methodik ausführlich mit diesem Thema. Die Autorin der Studie, Frau Dipl.-Ing. Veronika Trunk, führte alle Versuche und Tests durch.

Für den Versuch wurden je acht gesalzene und ungesalzene Steaks von der Beiried (Kategorie Jungstier) auf ihre Zartheit, Saftigkeit und ihren Gewichtsverlust vor und nach dem Grillen unter exakt gleichen Bedingungen analysiert. Bei der Auswahl des Fleisches wurde auf eine verbindliche Qualität der Teilstücke (AMA-Gütesiegel) unter identen Rahmenbedingungen größter Wert gelegt. So wurden sie nach der Schlachtung 14 Tage lang bei 3 °C gereift. Zubereitet wurden die exakt gleich dicken Beiriedsteaks von ca. 300 g Gewicht auf dem Grill. Die Kerntemperatur wurde mit 65 °C Endtemperatur gewählt, was einer sehr weiten Garstufe von „medium" oder eher „medium well" entspricht. Die Salzzugabe wurde je Steak mit 3 g Kochsalz vorgenommen.

Die Ergebnisse bezüglich Grillsaftverlust:
Steaks ungesalzen vor dem Grillen: 17 % Verlust – Steaks vor dem Grillen gesalzen: nur 11 % Verlust.
(Quelle: Grillzeit)

Das bedeutet, dass die Zugabe von Salz vor dem Grillen zu einem 40 % relativ niedrigeren Grillsaftverlust führt. Dieses Ergebnis zeigt genau das Gegenteil von dem, was landläufig immer angenommen wurde (das Salzen vor dem Grillen führt zu einem Saftverlust), und bestätigt nur meine eigenen Salztests, die ich schon im Jahre 2010 durchgeführt habe.

Die Erklärung dafür: Es liegt offensichtlich daran, dass Salz die Wasserbindungsaktivität von Fleisch erhöht.

Es wirkt quellend und lösend auf die Muskelproteine im Fleisch. Was für den gelernten Fleischermeister, wenn er die Vorgänge genau deutet, ja nichts Neues ist. Das bedeutet, dass die morphologischen Zwischenräume zwischen den Muskelsträngen größer werden und so Wasser eintreten kann und gleichzeitig festgehalten wird. Die gelösten Muskelproteine binden sich bei Erhitzung zu einem Netzwerk zusammen. So erhöhen sie die Textur des Fleisches und halten trotz Grillhitze das Wasser im Fleisch fest.

Zartheitsuntersuchung

Bezüglich der Zartheitsuntersuchung wurde die sogenannte „Scherkraftmessung" (Kraft, die aufgewendet werden muss, um ein Stück Fleisch mit einer Klinge zu durchtrennen) durchgeführt. Steaks, die vor dem Grillen nicht gesalzen wurden, waren nur geringfügig zarter (um 2 %) als die gesalzenen Steaks.

Dieser Effekt kann durch die gequollenen und gelösten Muskelproteine erklärt werden, die bei Erhitzung ein Netzwerk bilden und so die Textur erhöhen. Diese kleine Abweichung zwischen gesalzenen und ungesalzenen Steaks ist am Gaumen nicht spürbar, aber 40 % weniger Aussaftung von vor dem Grillen gesalzenen Steaks sind sehr wohl sensorisch bemerkbar.

Diese Studie von Frau Dipl.-Ing. Veronika Trunk unterstreicht also eindeutig meine jahrzehntelange Überzeugung, dass das Salzen vor dem Grillen nicht nur keine Nachteile, sondern saftigere Steaks bringt und keine nennenswerte Verschlechterung bezüglich der Zartheit des Fleischstückes gegeben ist.

Das Salz sollte wenn möglich aus der Salzmühle frisch gerieben werden, dafür empfiehlt sich grobes Meersalz. Wer Fleisch am Teller mit Salz veredeln möchte, dem seien die zarten Meersalzflocken „Fleur de Sel" nahegelegt. Nach wie vor gilt natürlich, dass über längere Zeit marinierte Grillfleischstücke besser ohne Salzzugabe behandelt werden.

Pfeffer

Pfeffer entfaltet sein Aroma am besten, wenn er aus einer Pfeffermühle frisch gemahlen wird. Wir unterscheiden beim echten Pfeffer zwischen dem roten, schwarzen, grünen und weißen Pfeffer. Diese Pfeffervarianten stammen immer von der gleichen Pflanze, der Unterschied ergibt sich aus dem Reifestadium und der weiterführenden Verarbeitung.

Die Unterschiede im Geschmacksbild der Pfeffersorten werden stark durch die Anbaugebiete bestimmt.

Würzen

Da mit Gewürzen und Kräutern noch eine zusätzliche Bandbreite an Geschmack dazugewonnen werden kann, ergibt sich eine unendliche Kombinationsvielfalt für Ihre persönlichen Geschmackskompositionen.

Der Übergang von Kräutern zu Gewürz oder Gemüse ist fließend. Meist wird die oberirdisch unverholzte Pflanze als Kraut verwendet. Grundsätzlich kann man sagen, dass getrocknete Pflanzenteile als Gewürz bezeichnet werden können, während sie im frischen Zustand zu den Kräutern zählen. Die ätherischen Öle der Kräuter verleihen ihnen ihren charakteristischen Duft.

Eine Würzung besteht meist aus einer Mischung von Kräutern und Gewürzen. Bei Fertigmischungen ist auch ein Salzanteil vorhanden, somit braucht man gar nicht mehr oder nur sehr sparsam salzen.

Geschmacksgebung mit trockenen Würzungen

Mit einer Würzung, die trocken vorgenommen wird, erreicht man eine zusätzliche Geschmacksnote, die aber dem Grillgut durchaus seinen Eigengeschmack belässt. Richtig dosiert ist das Gewürz ein angenehmer Begleiter und rundet das Gesamtergebnis ab. Die Zugabe kann unmittelbar vor dem Grillvorgang passieren. Wenn der Zeitpunkt schon früher gewählt wird, erreicht man eine deutlichere Dominanz des Gewürzes im Verhältnis zum Eigengeschmack des Grillproduktes.

Geschmacksgebung mit Marinaden (Nasswürzung)

Beim Marinieren von grillfähigen Produkten setzt man eher auf den Geschmack der Marinade; der Eigengeschmack des Produktes wird dabei nur mehr von zweitrangiger Bedeutung gesehen. Wenn die Marinierzeit mehrere Tage andauert, setzt sich die Marinade so weit durch, dass sich der Eigengeschmack des Ausgangsproduktes oft gänzlich verliert. Die Marinadenherstellung im einfachen Bereich ist eine Würzung, die mit Öl zu einer Nasswürzung angesetzt wird. Die Marinade wird über die grillfähigen Produkte gestrichen oder die Produkte werden darin eingelegt.

Weichmachung und Geschmacksgebung mittels Marinaden

Wenn einer Marinade säurehältige Produkte wie Joghurt, Wein oder Essig zugefügt werden, so greifen diese Säuren das Bindegewebe des marinierten Fleisches an. Werden Säfte von Früchten wie Ananas (Enzym: Bromelain), Kiwi etc. beigefügt, so zerstören deren Frucht-Enzyme das Bindegewebe durch Proteolyse und das Fleisch wird dadurch mürber. Da dieser enzymatische Vorgang rascher abläuft als die oben genannten Säuren wirken, ist dabei auf nicht zu lange Marinierzeiten zu achten.

GROSSE RINDFLEISCHKUNDE

Der Weg zum Rindfleischgenuss führt vom Rind zum Fleisch, vom Fleisch zur Reifung, von der Reifung zum Fleischteil, vom Fleischteil zum Schnitt, vom Schnitt zum Steak, vom Steak zur Zubereitung – ein Thema, mit dem ich mich nun schon seit geraumer Zeit beschäftige, wie auch die folgenden Fotos unschwer erkennen lassen.
Adi mit Steak (jung/frisch) – Adi mit Steak (älter/gereift)

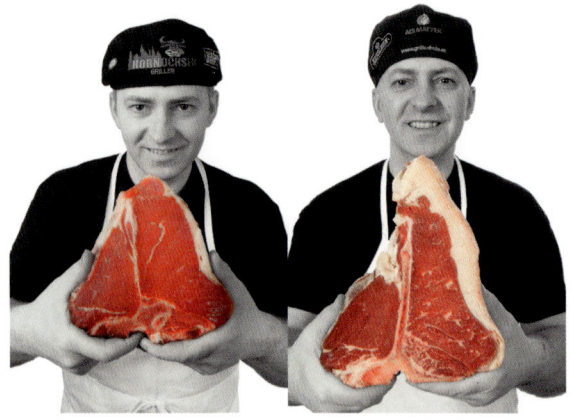

Wenn Menschen älter werden, so sagt man, werden Sie weiser, gereifter und gütiger, aber manchmal gibt es auch Zeitgenossen, die dabei auch „ungenießbarer" werden. Wenn Rindfleisch älter wird, also richtig gereift ist, wird es auf alle Fälle weicher und für alle Genuss-Menschen spürbar genießbarer.

Da durch unsere Zubereitungsart, dem Grillen, bei eher kurzer Zeit mit hoher Hitze gearbeitet wird, muss das Ausgangsprodukt, das Steakfleisch, von hoher Qualität sein. Diese alleine ist aber nur bedingt entscheidend, denn oft ist qualitativ hochwertiges Fleisch einfach dadurch nicht optimal beim Gast angekommen, weil es einfach zu frisch war. Daher ist das Thema Rindfleischreifung von großer Bedeutung für unsere Steakqualität. Weitere Kriterien für eine optimale Qualität bei Rindfleisch sind sicher die Rasse (Genetik), die Fleischkategorie, Herkunft, Aufzucht, Fütterung, Schlachtalter, Tiertransport, Schlachtvorgang, die Kühlung und die Zerlegung.

Allein diese simple Aufzählung zeigt, wie viele verschiedene Faktoren Einfluss auf die Qualität Ihres Steakfleisches haben. Da beim Thema Rindfleischqualität so viele Kriterien übergreifend eine Rolle spielen, ist es für den Konsumenten wichtig, beim Fleischkauf einem Fachmann vertrauen zu können. Der Fleischermeister Ihres Vertrauens wird sicher bemüht sein, Ihre Bedürfnisse zu befriedigen. Am besten gelingt ihm das, wenn Sie den Fleischkauf für einen perfekten Steakabend vom Grill rechtzeitig planen und Ihre Wünsche dementsprechend zeitig bei der Bestellung deponieren.

Als Konsument können Sie die Qualität nur durch sensorische Werte wie dem Biss (Zartheit), Geschmack (vollmundig) und der Saftigkeit des Steakfleisches beurteilen – allerdings müssen Sie das Steak dann bereits zubereitet haben. Allein aufgrund der optischen Beschaffenheit des Fleischs beim Einkauf das richtige Stück zu wählen, ist für den Konsumenten schwierig. Wer immer nur magere Stücke einkauft, bei denen kaum sichtbares Fett eingewachsen ist, wird beim Genuss später eher Probleme bekommen. Für eine Premiumqualität bei Rindfleisch bedarf es jedoch eingewachsener „Qualitätsdepots" in Form von Fett, der Fachmann spricht hier von der Marmorierung bzw. Fleischmaserung. Diese Marmorierung wird als *intramuskuläres* Fett beschrieben und ist direkt in den Muskelfasern eingelagert. Das *intermuskuläre* Fett ist dagegen zwischen den Muskelpartien (Muskelsträngen) gelegen und grenzt diese außen ab.

Das außen aufliegende Fettgewebe bei einem Steak nennt man *subkutanes* (unter der Haut liegendes) Fettgewebe und ist in der Menge deutlich sichtbar. Das Körperhöhlenfett wird auch Nierenfett(talg) genannt und befindet sich im Körperinneren.

Wenn Sie das Fleisch an der Schnittfläche quer zur Faser ansehen, erkennen Sie die Marmorierung als Fettäderchen, die im Muskelfleisch eingeschlossen sind. Da Fett ein Geschmacksträger ist, wird durchzogenes, marmoriertes Fleisch vollmundiger und auch buttriger schmecken. Das Steakfleisch verliert durch die Zubereitung am Grill Muskelwasser, die Fettäderchen schmelzen beim Garvorgang und sind maßgeblich für Geschmack, Zartheit und Saftigkeit verantwortlich.

Grillkollegen sowie Fleischexperten sind sich einig, dass die dunkleren Muskelteile geschmacklich wuchtiger, kräftiger ausgeprägt sind. Machen Sie doch einmal selbst eine Blindverkostung mit einem Rinderfiletsteak und einem Hüftsteak: Das Rinderfiletsteak wird zwar in der Zartheit Vorteile haben, aber geschmacklich kräftiger wird sich das Hüftsteak am Gaumen zeigen.

Rindfleisch ist nicht Rindfleisch!

Viele Gourmets haben in unzähligen Geschmackserlebnissen ihren persönlichen Favoriten bei der Rinderrasse erkoren. Dass bereits die Rasse (Genetik), eine bestimmte Rolle bezüglich der Fleischqualität spielt, ist bekannt. So ist z. B. das Charolais-Rind ein typischer Vertreter fettärmerer Rassen, welche mehr Muskelfleisch und ergo auch weniger Fett aufweisen. In Österreich besitzen wir mit dem weit verbreiteten Fleckvieh und einer kleinstrukturierten Langwirtschaft eine sehr gute Basis, um eine gesunde Mischung von Muskelfleisch zum Fettverhältnis zu erzielen.

Das japanische Wagyu-Rind (Kobe-Rind) ist dagegen ein Vertreter von Rassen, bei denen extrem viel Fett im Muskel eingelagert wird; Kobe-Beef ist zu Recht berühmt dafür. Auch bei den Rindern in Amerika ist der Fettanteil generell höher als bei uns in Österreich. Diese werden bewusst so gezüchtet, teilweise auch mit bei uns verbotener Hormonbehandlung, das Steakfleisch hat somit einen hohen Grad an Fett im Muskelgewebe miteingebunden und das sorgt für eine gute Beschaffenheit der grillfähigen Teilstücke. Der Trend, Premiumqualität mit einem hohen Fettanteil im Muskel und über den Muskel zu erzeugen, hat auch bei uns eingesetzt; entsprechende Qualität ist auch von unseren heimischen Fleckviehrindern bereits erhältlich.

Die Fleischkategorien sind ebenfalls eine der Basissäulen für herausragende Qualität. Wer Kalbinnenfleisch (weibliche Rinder, welche noch kein Kalb geboren haben) oder Ochsenfleisch (kastrierte männlichen Rindern) beim Einkauf bevorzugt, hat zumeist schon einen großen Schritt in Richtung Top-Qualität gemacht. Aber auch Jungstierfleisch kann, wenn der Fettgehalt und das Schlachtalter passend gewählt sind, eine gute Alternative zur Kalbin und dem Ochsen sein, generell kann es aber in der Feinfasrigkeit des Muskels nicht ganz die Qualität wie die beiden letzteren erlangen.

DIE RINDFLEISCH-REIFUNG

Die Reifung ist das absolut wichtigste Kriterium für die Steakfleischqualität. Bei Fleischteilen für Koch- und Siedefleisch sowie Schmorfleisch reichen generell einige wenige Tage Reifung für eine ansprechende Qualität aus. Bei Bratenteilen vom Rind sollten jedoch 10 bis 14 Tage Reifezeit eingehalten werden. Bei Steakteilen sollte die Reifezeit mindestens 21 Tage betragen. Wer ein Premium-Produkt erzeugen will, wird mindestens 28 Tage für die Reifung wählen.

Die Begriffe „Reifung" und „Abhängen" sagen dasselbe aus. Aber was versteht man darunter, was passiert dabei mit dem Rindfleisch?

Nach der Schlachtung des Rindes tritt die Totenstarre ein, diese wird ausgelöst durch Milchsäuregärung und die damit verbundene Milchsäurebildung sowie den Abbau von Adenosintriphosphat. Dabei sinkt der pH-Wert und bewegt sich in den sauren Bereich. In diesem Zustand ist das Rindfleisch zäh.

Durch fleischeigene Enzyme wird der pH-Wert wieder angehoben, Bakterien, und hier insbesondere Milchsäurebakterien, tragen zur weiteren Reifung bei. Das Bindegewebe der Muskulatur quillt und wird gelockert, da Eiweißenzyme aufbrechen und teilweise zu freien Aminosäuren abgebaut werden. Der Fachbegriff hiefür ist Autolyse.

Die Fleischreifung muss unter optimalen hygienischen Bedingungen bei gleichbleibenden Temperaturen von ca. 0 °C bis 3 °C stattfinden. Einige Studien belegen, dass der Prozess der Autolyse nach ca. 28 Tagen unter diesen Bedingungen abgeschlossen ist. Viele Spezialisten reifen Ihre veredelten Rindfleischteile dennoch weiter, obwohl ihnen bewusst ist, dass das Rindfleisch nicht mehr zarter wird. Diese Fachleute wissen, dass sich nach der Autolyse im geschmacksgebenden Bereich noch sehr viel an Qualität erzielen lässt und sind imstande, hier wirklich eigene Aromen und Geschmacksnuancen hervorzubringen. Sie kennen das als Konsument schon sehr gut von Käsespezialitäten, bei Fleisch ist Ihnen das bisher noch wenig nähergebracht worden.

Von frischen zu gereiften Rindersteaks: die optische Veränderung

Typisch für frische Steaks sind die frische Rotfärbung des Fleisches und das gänzlich weiße Fettgewebe sowie die klare Abgrenzung der Muskelbündel zueinander. Auch der Knochen ist am Anschnitt leicht rötlich.

Links ein frisches, rechts ein vakuumgereiftes Steak

Beim gereiften Steak erkennt man sofort, dass die Rotfärbung des Fleisches etwas dumpfer ist und der Fettrand sich etwas gelblicher darstellt, ja oft auch eine rosa Farbstufe annimmt. Diese Verfärbung ist im Vakuumreifeverfahren oft anzutreffen, weil der austretende Fleischsaft die Oberfläche des Fettgewebes färbt. Wenn Sie mit dem Messer eine Fettschicht abheben, werden Sie wieder eine klarere Weißtönung beim Fettgewebe erhalten. Da das Muskelgewebe mehr Wasser gebunden hat als das Fettgewebe und daher mehr Flüssigkeit beim Reifeprozess in Form vom Fleischsaft verliert, erscheint die Schnittfläche des Steaks etwas eingefallen und uneben gegenüber dem Fettrand.

Mit dem Aufbrechen der Zellwände in der Reifephase bekommen Sie auch optisch eine nicht mehr so klare Muskelbündelung wie beim frischen Steakfleisch. Der Knochen weist beim gereiften Steak eine bräunlich-gräuliche Farbe auf.

SECHS ARTEN DER FLEISCHREIFUNG

Das Nassreifeverfahren,
besser bekannt als Vakuumreifung.

Das Trockenreifeverfahren,
besser bekannt als Dry-Aging Reifung

Das Trockenreifeverfahren, Dry-Aging
mit Edelschimmelbelag

Das Rindertalgreifeverfahren

Das Reifebeutel-Reifeverfahren (55-Grad-Reifung)

Das Reifen in Öl

Das Vakuumreifeverfahren

Die einzelnen Teilstücke werden nach der Zerlegung praktisch luftdicht bzw. mit einem Minimumanteil an Sauerstoff in einen Kunststoffbeutel gelegt, vakuumiert und verschweißt. Je nach Betrieb und Philosophie wird die Zerlegung 3 bis 7 Tage nach der Schlachtung vorgenommen. Es handelt sich um eine kontrollierte Einzelteilstücklagerung ohne Knochen, der Teilstückzuschnitt ist bereits präzise erfolgt. Die Lagertemperatur wird bei konstanten 0 °C bis 3 °C gehalten und dokumentiert.

Es können hier vom Hersteller verschieden lange Haltbarkeiten für den Endkonsumenten angegeben werden. Haltbarkeiten von bis zu 3 Monaten sind möglich, aber beim Vakuumreifeverfahren nicht üblich und auch nicht sinnvoll. Da ja nach ca. 1 Monat der Reifung das Rindfleisch an Mürbheit nicht mehr zunimmt, kann sich bei zu langer Lagerung im Vakuumbeutel der Rindfleischgeruch und -geschmack durch eher säuerliche und dumpfe Töne – ähnlich den unreinen Alterstönen beim Wein – unerwünscht bemerkbar machen. Dieses Risiko besteht insbesondere beim Anbieten von gereiftem Fleisch in den Kühltheken, die ja erfahrungsgemäß 4 °C und teilweise noch höhere Temperaturen aufweisen.

Von der gesamten Rindfleischmenge, die einer Reifung unterzogen wird, ist die Vakuumreifung das geläufigste und gängigste Reifeverfahren. Der Gewichtsverlust liegt im Schnitt bei 5–8 %.

Das Dry-Aging-Reifeverfahren

Dieses Verfahren ist die traditionelle Reifemethode unserer Großväter, die aufgrund der damaligen technischen Möglichkeiten gar keine andere Methode zum Reifen hatten. Viele rühmen sich mit der Erfindung der Dry-Aging-Reifemethode, in Wirklichkeit ist es ein Wiederaufleben-Lassen einer nahezu vergessenen Reifungs-Kultur, die das Handwerk der Fleischermeister früher immer schon geprägt hatte und das durch die Industrialisierung des Lebensmittelbereiches verschwunden war.

Natürlich ist es begrüßenswert, wenn Erzeuger und Konsumenten wieder die Qualität in der Langsamkeit und Ruhe der althergebrachten Trockenreifemethode suchen und finden können. Anno dazumal wurden ganze Rinderhälften unter kontrolliert kühlen Bedingungen in Kühl-Kammern abgehangen. Heute werden nur die Edelteile mit Knochen dafür verwendet, dabei handelt es sich üblicherweise um den Rückenbereich des Rindes, im Fachbegriff um „den Englischen", mit den Fleischteilen Rostbraten (Hohe Rippe, Ribeye), Beiried (Roastbeef, Striploin) und dem Lungenbraten (Filet, Tenderloin). Einige innovative Produzenten nehmen bei der Reifung auch die Schnitzelteile dazu.

Dieses Dry-Aging-Beef wird nach der Reifung vom Knochen gelöst und dann meist in einer Vakuumverpackung verkaufsfertig angeboten und macht nur einen kleinen Teil der Gesamtreifemenge aus.

Die Temperatur beim Dry-Aging-Verfahren liegt in den eigens dafür errichteten Reifekammern wiederum bei ca. 0 °C bis 3 °C, allerdings kommt als wichtiges Kriterium die Luftfeuchte hinzu; sie liegt in der Regel bei den meisten Produzenten zwischen 80 und 85 % relativer Luftfeuchte, kann aber fallweise bis 65 °C abgesenkt werden.

Bei den meisten Produzenten in Europa werden die Rinderedelteile ca. 21 bis 28 Tage gereift. In den USA werden die Rinderedelteile gut und gerne mal 60 Tage und darüber gereift, bei eigenen Versuchen waren auch 100 Tage kein Problem bezüglich des Verderbs. Zu lange Reifungsdauer beim Dry-Aging-Verfahren führt aber zu sehr großer Austrocknung und zu einem hohen Wasserverlust, der, wenn er zu hoch ist, weder bei Steaks noch bei Edelteilen erwünscht ist.

Bei einer Reifezeit von bis zu 30 Tagen werden dem Rindfleisch ca. 20 bis 25 % Wasser entzogen. Durch diesen kontrollierten Wasserentzug bekommt das Dry-Aging-Rindfleisch einen intensiveren Geschmack. Bei weiblichen Rindern (Kalbinnen) wird dieser Geschmack sehr oft mit „leicht süßlich" und „buttrig" beschrieben, vor allem

Dry Aged Beef in verschiedenen Reifestadien

wenn eine ausreichende Fettmarmorierung im Steak vorhanden ist.

Eine weitere Tatsache sei hier ebenfalls erwähnt: Dry-Aging-Fleisch zeichnet sich zwar durch seine geschmackliche Intensität aus, durch den Wasserverlust von 20 % bis 25 % bekommt es aber auch eine etwas festere Konsistenz und hat zudem einen geringfügig festeren Biss.

Das vakuumgereifte Rindfleisch kann im Gegensatz dazu durchaus für einige Grillfans als etwas lockerer und saftiger beschrieben werden.

Der europäische Markt setzt auf eine weichere Struktur und bevorzugt diese, der amerikanische Markt setzt auf Wuchtigkeit im Geschmack, bei den US-Rindfleischkennern darf der Biss ruhig etwas kräftiger sein, das erklärt sicher auch, warum die Amerikaner wesentlich mehr verschiedene Fleischstücke als grillfähig erachten als wir in Europa.

Das Dry-Aging-Reifeverfahren mit Edelschimmelbelag

Es gelten im Wesentlichen dieselben Kriterien wie beim normalen Dry-Aging-Reifeverfahren, wobei sich hierbei zusätzlich das Gewicht der verkaufsfähigen Ware verringert, da der Schimmelbelag entfernt werden muss.

Es entwickelt sich in diesem meist länger dauernden Reifeverfahren ein starker Geschmack, der oft auch mit „nussig" beschrieben wird.

Der Verkaufspreis liegt für diese Spezialität natürlich sehr hoch; Dieses Verfahren hat nur einen extrem kleinen Anteil an der Gesamtreifemenge von Rindfleisch und hat daher auf die anderen Reifearten bezogen kaum Bedeutung. Somit bleibt diese Spezialität einigen kleineren Betrieben erhalten, die diese Besonderheit für einige wenige Genussmenschen herstellen.

Das Rindertalgreifeverfahren

Bei dieser Reifemethode wird Rinderfett (Talg, Kernfett) erhitzt und in flüssiger Form in Behälter für den späteren Gebrauch gefüllt. Das Fleisch, mit Knochen oder in ausgelöster Form, wird mit dem erhitzten, flüssigen Rindertalg übergossen oder bepinselt. Zu beachten ist dabei, dass die Temperatur des Talgs nicht zu hoch ist, er muss unbedingt etwas abgekühlt sein. Manche Kollegen bestreichen das Fleisch mit dem Talg erst, wenn es nicht mehr flüssig ist, sondern schon cremig wird. Die Lagertemperatur während der Reifezeit entspricht wieder der Norm mit 0 °C bis 3 °C. Der durchschnittliche Gewichtsverlust bei einer Lagerzeit von ca. 30 bis 60 Tagen liegt in der Regel unter 3 %. Abschnitte fallen nahezu keine an, da keine Austrocknung stattfindet.

Die Kontrolle der versiegelten Talgoberfläche ist unumgänglich, denn wenn sich Risse bilden, sollen diese umgehend mit einer neuen Talgschicht geschlossen werden. Wird diese Kontrolle nicht gemacht, ist die Gefahr eines Fehlproduktes durchaus gegeben.

Das Herausbrechen der versiegelten Teilstücke aus ihrer „Behausung" ist ein einmaliges Erlebnis; mit etwas Erfahrung werden hier wahre Goldstücke gereift, es können dem Talggemisch auch Kräuter zugefügt werden, die dem Fleisch-Connaisseur ein wahres Erlebnis bescheren.

Die Talgreifung hat nur einen verschwindend kleinen Anteil an der Gesamtreifemenge. Der Aufwand ist ein nicht unbeträchtlicher, man wird aber durch ein sehr aromatisches Produkt entschädigt, vor allem kann diese Form der Reifung auch in Kleinstmengen gemacht werden – auch der mündige Konsument kann sich durchaus als „Reifemeister" betätigen.

Das Reifebeutel-Reifeverfahren

Das Rindfleisch wird wie beim Vakuumreifeverfahren eingeschweißt. Dabei werden spezielle Folien mit einer zertifizierten Membrantechnologie (Directive 82/71/EEC, 85/572/EEC) eingesetzt. Diese Membrantechnologie erlaubt den Austausch von Sauerstoff, verhindert aber das Eindringen von Bakterien. Die Reifeergebnisse sind hervorragend; mitgerechnet werden muss ein hoher Abschnittverlust, auch die Kosten für die Folie sind zu berücksichtigen. Dies ist eine sehr junge Technologie beim Reifen von Fleisch, daher relativ wenig Erfahrungswerte.

Die Ölreifung

Die Fleischstücke werden in einem Behälter eingelegt und mit Öl übergossen, dadurch entsteht ein Luftabschluss und die aeroben Keime werden abgehalten. Eine gute Hygienepraxis ist Grundvoraussetzung; für den Konsumenten bietet sich eine ideale Möglichkeit, bei der Reifung selbst Hand anzulegen. Die Temperatur sollte bei 0 °C bis 3 °C gehalten werden, was aber in normalen Haushaltskühlschränken eher nicht möglich ist, diese haben zumeist 7 °C und darüber. Durch die höheren Temperaturen kommt es zu einer schnelleren Reifung, die Reifezeiten sollten daher nicht überlange gewählt werden, da es sonst zu geschmacklichen Beeinträchtigungen kommen kann. Mit der Zugabe von Kräutern können aber sehr reizvolle Geschmacksnoten bei eher kürzerer Reifezeit erzielt werden.

DIE RINDERSTEAKVERKOSTUNG

Wenn Sie die Edelteile der Rindersteaks präsentieren, so können Sie diese ruhig klassisch im Ganzen servieren, weil bei den Edelteilen eine feine Faserung gegeben ist. Da die Bemuskelung beim Rind sehr unterschiedlich ausgeprägt ist, empfiehlt es sich, festere und kompaktere Teile, leicht schräg zur Faser aufgeschnitten zu offerieren, um damit die empfundene Zartheit zu steigern.

Bei einer strengen Verkostung, wo eine Wertung erfolgen soll, gibt es die Blättchenverkostung, also dünne Scheiben schräg aufgeschnitten, sowie die Würfelverkostung, bei der die Steaks in gleich große Würfel geschnitten werden und dadurch der Biss wesentlich besser eingestuft werden kann.

Da bei einer optimalen Garstufe der Edelteile die Produkttemperatur sehr niedrig ist, empfiehlt es sich, den Schneideplatz und die Teller für die bevorstehende Verkostung zu erwärmen.

STEAK-REGELN

- Schnittstärke nicht unter 2 cm darüber sehr gerne
- Vor dem Grillen rechtzeitig aus dem Kühlschrank nehmen
- Heißer Griller, ca. 200°C bis 300°C
- Nur einmal wenden
- Keine Gabeleinstiche
- Nur Grillzange zum wenden
- Bei sehr mächtigen Steaks ist eine indirekte Grillzone mit 120°C bis 140°C zum Weitergaren sehr hilfreich
- Nach dem Grillen „ruhen" lassen (Rastphase)

TEMPERATUR UND GARGRADE VON STEAKS

Rindfleisch wurde generell von vielen Menschen als eher nicht „grillfähig" eingestuft, verursacht durch zu lange Garzeiten, wurde das Fleisch aufgrund des hohen Wasserverlustes hart und zäh. Die Grillgeneration von heute ist wesentlich aufgeklärter und trägt hierzulande zu einem wahren Steakboom bei.

Durch die bekömmlichste Fleischzubereitung, dem Grillen, werden sensationelle Geschmacksstoffe gebildet und gleichzeitig werden wertvolle Inhaltsstoffe im Fleisch erhalten, ja man könnte sagen „versiegelt" und durch die Erwärmung in einen sehr gut verwertbaren Zustand für unseren Körper gebracht.

Den gewünschten Gargrad eines Steaks exakt zu treffen, ist die Kunst des Grillmeisters und erfordert sehr viel Übung. Es gibt Kollegen, die mittels Finger-Drück-Probe bereits wissen, ob das Steak die für sie passende Kerntemperatur erreicht hat. Wer auf Nummer sicher gehen möchte, nutzt ein Stichthermometer und kontrolliert den Gargrad.

TEMPERATUR UND GARGRADE VON STEAKS

Temperatur	Gargrad	Beschreibung
45 °C–49 °C	very rare	kühler roher Kern
50 °C–54 °C	rare	warmer roter Kern
55 °C–59 °C	medium rare	hellroter weicher Kern
60 °C–64 °C	medium	zartrosa mittelweicher Kern
65 °C–69 °C	medium well	leicht rosa grauer fester Kern
72 °C–85 °C	well done	grauer fester Kern für Steaks unbrauchbar

Wichtig erscheint mir, darauf hinzuweisen, dass ein mit 2 cm geschnittenes dünnes Steak bereits vor dem passenden Gargrad vom heißem Grill genommen werden sollte, da die Kerntemperatur desselben in der Rastphase in eine Aluminiumgrillfolie gewickelt noch bis zu 8 °C ansteigen kann. Wer sehr große und hohe Steaks grillt und diese in einer indirekten kühleren Zone am Grill nachgaren lässt, der wird nur 2 bis 3 °C Anstieg zu erwarten haben.

Obige Tabelle ist eine Gargrad-Endtemperaturempfehlung, also planen Sie für die jeweilige Grilltechnik, die Sie wählen, einen Anstieg der Temperatur in der Rastphase ein.

Der erste Wert der Tabelle ist der aussagekräftigere Wert zum passenden Gargrad.

"MASTERPIECES" VON ADI MATZEK
DIE STEAKTEILEKUNDE

Die Edelteilstücke der Steaks

Der Englische (Rinderrücken) mit den eingewachsenen Knochen:
Aus der Rückenmuskulatur des Rindes (= **„Englischer"**) werden die bekanntesten und edelsten Steakteile gewonnen. Man spricht auch vom Schnitt (Cut), der dem jeweiligen Teilstück dann die Form und den Namen gibt. Dieser Fleischteil wiegt im Ganzen mit Knochen ca. 20 bis 25 kg. Der Rostbratenteil mit Knochen wird auch als Hohe Rippe im Ganzen, Prime Rib, Ribeye Roast oder Chuck Back Rip bezeichnet. Dieser Teil macht etwa ein Viertel des Stückes vom Gewicht aus. Ein weiteres Viertel macht der Club-Steak-Anteil aus. Der Teil, in dem das Filet eingewachsen ist und aus dem das T-Bone- und Porterhouse-Steak herausgeschnitten wird, macht ca. die verbleibende andere Hälfte des Gewichts vom Englischen aus; dieser Teil im Ganzen wird auch Short Loin genannt.

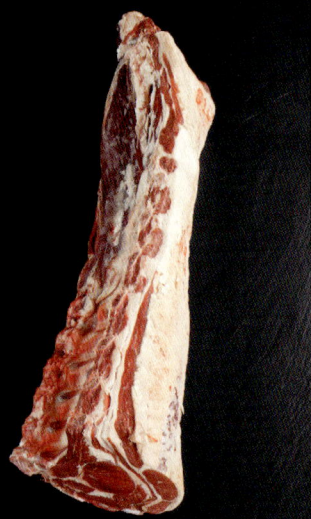

13 Rippen hat das Rind insgesamt, zumeist wird zwischen der 6. und 7. Rippe oder fallweise auch zwischen der 5. und 6. Rippe das Vordere vom Hinteren getrennt, die ersten 6 Rippen werden daher dem Vorderen Viertel zugeordnet. Die Rippen 7 bis 10 werden dem Rib-Eye-Steak zugeordnet und die Rippen 11 bis 13 bilden klassischerweise den Club-Steak-Anteil. T-Bone- und Porterhouse-Steak haben keine Rippenbögen; sie weisen die bekannte „T-Form" der Wirbelknochen auf. Werden die Knochen beim Englischen entfernt, so werden die Fleischteile folgendermaßen benannt:
**Lungenbraten (Filet, Tenderloin),
Rostbraten (Hohe Rippe, Ribeye),
Rieddeckel (Ribeye Cap),
Beiried (Roastbeef, Striploin).**

1. Lungenbraten, Filet, Tenderloin

Das Filet wird unterteilt in **Filetspitze, Filetmittelstück** und den **Filetkopf**.
Filet Mignon: Filetscheiben, 1 bis 2 cm Dicke aus dem schmalen Teil des Filets, 40 bis 80 g
Beefsteak: Filetscheiben, fingerdick geschnittene Scheibe, 120 g, 160 g, 240 g (Lady's Cut)
Filetsteak: Filetscheiben, vom großen Filetteil, mindestens 2 bis 5 cm dick, 150 bis 300 g
Tournedos: Filetscheiben, 2 cm, 80–100 g
Chateaubriand: 8 bis 10 cm, 600 bis 800 g

2. Beiried, Roastbeef, Striploin, Lendenbraten, Lende

Handelsüblich wird das Beiried im Ganzen ohne Knochen angeboten.

2.a Rumpsteak, Beiried geschnitten ohne Knochen ca. 160 bis 300 g, NY Strip Steak, Kansas Steak

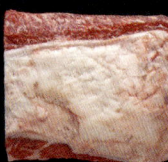 

2.b T-Bone-Steak 600 bis 800 g:

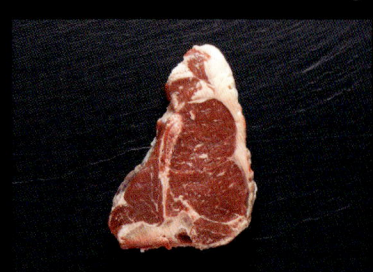

Beiried (Roastbeef) mit Knochen in Scheiben geschnitten; beim T-Bone-Steak ist ein kleiner Teil des Lungenbratens dabei.

2.c Porterhouse-Steak
750 bis 900 g:

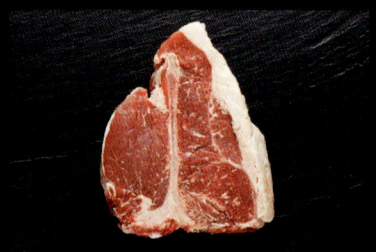

Beiried (Roastbeef), das Endstück mit Knochen in Scheiben geschnitten; das Porterhouse-Steak weist einen größeren Anteil vom Lungenbraten auf. Berühmtes Gericht vom Grill aus dem Porterhouse-Steak: Bistecca alla fiorentina.

3. Rostbraten, Hohe Rippe, Ribeye

Zumeist wird der Rostbraten ohne Knochen im ganzen Stück angeboten.

Ohne Knochen geschnitten, werden das klassische **Entrecôte** 400 g und das **Entrecôte Double** 800 g aus dem Rostbraten **(Hohe Rippe, Ribeye)** gewonnen.

3.a Rib-Eye-Roast, Prime-Rib-Steak oder Chuck Back Rip

Rostbraten mit Knochen im Ganzen, Hohe Rippe im Ganzen
Die aus den USA übernommene Bezeichnung Prime-Rib-Steak wird häufig falsch als ein Steak aus dem Bereich der ersten Rippe beschrieben. Tatsächlich stammt dieser Steakzuschnitt aus dem Bereich des sechsten bis neunten Brustwirbels und ist somit weitgehend identisch mit dem Rib-Eye-Steak. Der Begriff „Prime" leitet sich von den Qualitätsstandards des amerikanischen Landwirtschaftsministeriums (USDA) ab, die sich u. a. auf den Marmorierungsgrad, also den intramuskulären Fettanteil und somit auf die „Saftigkeit" des Fleisches beziehen. Die Qualitätsstufe „Prime" kennzeichnet dabei Fleisch mit einem intramuskulären Fettanteil von mindestens 11 %.

3.b Rib-Eye-Steak

Rostbraten mit Knochen in Scheiben geschnitten, ca. 700 g,
Das Rib-Eye-Steak wird ca. von der 7. bis zur 10. Rippe geschnitten.

3.c Tomahawk-Steak

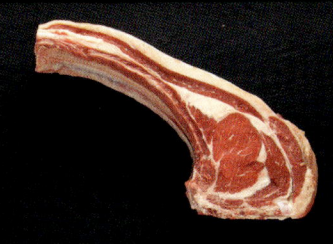

Rostbraten (Hohe Rippe) mit Knochen inklusive dem lang geschnittenen Rippenbogen in Scheiben geschnitten. Die Form des erhaltenen Stückes ist namensgebend, das Gewicht liegt zwischen 1500 und 2000 g, also ein echtes Grillhighlight für mehrere Personen.

3.d Rostbratenkrone, Rib of Beef, Côte de bœuf (franz.)

Dieser attraktive Zuschnitt wird durch das Entfernen des Wirbelsäulenknochens bis zum Rippenansatz erzielt. Die oberen Rippen werden freigelegt und zupariert, sodass nur der Kern des Rostbratens übrigbleibt. Auf den Punkt medium rare gegrillt, erhalten Sie ein herzhaftes Gourmetstück der Extraklasse.

4. Hinteres Ausgelöstes, Fehlrippe, Rip

Aus der altösterreichischen Rindfleischküche ist der Begriff „Kruspelspitz" sicher noch in Erinnerung, das Hintere Ausgelöste ist die „Rose" (der Innenteil) vom Kruspelspitz.

Von vorne grenzt das Hintere Ausgelöste am Rinderhals (Nacken, Chuck) an, nach hinten verlaufend grenzt es an den Rostbraten (Hohe Rippe, Rib-Eye) an, es hat sowohl einen hohen intramuskulären als auch intermuskulären Fettanteil und eignet sich hervorragend als ganzes Bratenstück. Als Steak ist es etwas schwieriger zuzubereiten, weil sich hier drei unterschiedliche Muskelbündel durch die angrenzenden Fleischteile treffen und es dadurch sehr locker vom Gewebe ist und leicht zerfällt.
Bei der Grobzerlegung, dem Abvierteln zwischen 5. und 6. bzw. 6. und 7. Rippenbogen, erhält man ein schönes Hinteres Ausgelöstes, in manchen Ländern wird ein Teil des Hinteren Ausgelösten mit Knochen noch als Rib-Eye-Steak geschnitten.

5. Club-Steak

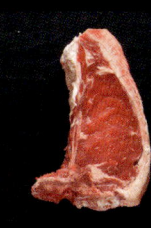

Dieses Steak wird am Übergang vom Rostbraten (Hohe Rippe, Rib-Eye) und Beiried (Roastbeef, Striploin) mit Knochen geschnitten; vom Lungenbraten befindet sich bei diesem Schnitt höchstens nur noch ein wenig von der Spitze dabei. Das Club-Steak wird üblicherweise vom 11. bis 13. Rippenbogen

6. Hüferscherzel, Steakhüfte, Sirloin

Der Hüftdeckel wird abgenommen und das Hüferscherzl wird von jeglichem Fett und Bindegewebsteilen befreit, somit ergibt sich ein sehr schönes Steakfleisch, das von der Rückenmuskulatur des Rindes die Fortsetzung von der Beiried (Roastbeef, Striploin) in den Knöpfelbereich zu den Hinteren Gustoteilen darstellt.

6.a Hüftzapfen, Schmale Hüfte, Hüftfilet, Sirloin-Filet, daraus geschnitten die **Hüftsteaks** bzw. **Sirloin-Filet-Steaks** 150 bis 200 g

6.b Hüferscherzl, Dicke Hüfte, Top Sirloin butt: daraus geschnitten die **Hüftsteaks, Sirloin-Steaks** 200 bis 300 g

Hüftdeckel (ohne Bild)**:** daraus geschnitten **Sirloin Cap Steak** 200 bis 300 g

Zu Steaks veredelte Siedefleischstück

7. Tafelspitz: Hüftdeckel, Cap of rump, Top Butt Cap, Sirloin-Cap-Steak, Picanha

Der Tafelspitz hat seine Hochblüte in der Wiener Küche gefunden, aber Grillfreunde schrecken ja bekanntlich vor nichts zurück: Der Tafelspitz lässt sich auch hervorragend im Ganzen am Grill zubereiten. Es empfiehlt sich dabei, die Fettauflage einzuschneiden und knusprig anzugrillen und indirekt zu vollenden. Die Garstufe sollte medium rare gewählt werden; da der Tafelspitz keine gleichmäßige Dicke aufweist, ergeben sich verschiedene Garstufen.

Typische Steakschnitte werden mit 200 bis 300 g gewählt und ebenfalls medium rare zubereitet; in den US-Steakhäusern spricht man vom Sirloin-Cap-Steak.

8. Hüferschwanzel, Bürgermeisterstück, Pastorenfleisch, Tri-tip

Kann im Ganzen zubereitet werden, empfehlenswert ist hier die Garstufe medium rare; das Hüferschwanzel sollte dünn aufgeschnitten serviert werden.

Steaks vom Hüferschwanzel, Steaks vom Bürgermeisterstück, Tri-tip-Steak ca. 80 bis 120 g

9. Schulterscherzl, Schaufelstück, Schild, Flat-Iron-Steak, Top blade roast

Das Schulterscherzel gehört rundherum bestens zupariert; es besteht aus zwei Muskeln, dazwischen liegt eine Sehne, wenn diese entfernt wird, erhält man zwei schmale Fleischteile in Form eines flachen Bügeleisens, daher die Bezeichnung Flat-Iron-Steak.

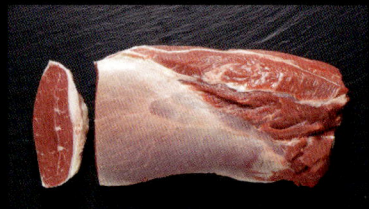

Schulterscherzel, Schaufelstücksteak, Flat-Iron-Steak 150 bis 250 g

10. Flaches Filet, Metzgerstück, Teres Major

Dieser eher unbekannte Muskel ist ein Teil von der dicken Schulter (dem dicken Bugstück) und liegt neben dem Kavalierspitz, es wird auch Meisterstück, flaches Filet oder Petite Tender genannt. Da es ein sehr kleiner Muskel ist, wird er oft nicht zupariert und hat keine große Bedeutung im Steakbereich; dadurch ergeben sich auch die vielen unterschiedlichen Bezeichnungen. Die Herkunft der Namen „Metzgerstück" oder „Meisterstück" wird folgendermaßen erklärt: Der Metzger (Fleischer), der die Schulter ausbeinte, legte dieses kleine magere Teilstück immer für sich selbst zur Seite und so gelangte dieses nicht in den Verkauf.
Die beste Zubereitung: entweder als kurz gebratenes Filet im Ganzen oder als kleine Medaillons.

Zu Steaks veredelte Schmor- und Kochfleischstücke

11. Rinderlappen, Hose, Flank-Steak, Große Bavette

Aus dem hinteren Rinderlappen wird das **Flank-Steak** herausgeschnitten, normal war es in Österreich nur ein Faschierfleisch, aber medium rare gegrillt eignet sich dieses magere, aber im Geschmack kräftige Fleischstück dünn aufgeschnitten hervorragend für Rindfleischliebhaber. Ein weiterer, kleinerer Muskel liegt gleich neben dem Flank-Steak am hinteren Rinderlappen, das **Flap-Steak,** auch **Kleine Bavette** oder **Bavette d'Aloyau** genannt. Es hat ebenfalls eine flache Form, ist aber im Gegensatz zum mageren Flank-Steak stark marmoriert und sehr saftig.

12. Kronfleisch, Saumfleisch, Skirt-Steak, Thin Skirt

Es gibt ein Outside Skirt und ein Inside Skirt. Es ist ein dünnes, flaches, längliches Stück, das eine gute Marmorierung aufweist. Nur kurz medium rare gegrillt und dünn aufgeschnitten, bietet es einen sehr geschmacksintensiven Rindfleischgenuss.

13. Herzzapfen, Nierenzapfen, Hanging Tender, Onglet

Der Herzzapfen liegt in der Brusthöhle zwischen den beiden Nieren. Der Herzzapfen wird am besten im

Ganzen medium rare zubereitet und danach in Scheiben geschnitten. Es ist vom Geschmack her das am kräftigsten und intensivsten nach Rind schmeckende Fleischstück. Es hat ein Gewicht von ca. 400 bis 550 g.

Die Barbecue-Teile zum Langzeitgaren

14. Brustkern, Brust, Brisket

Dem Brisket eilt in der Barbecue-Gemeinde ein legendärer Ruf voraus. Am besten nimmt man den höheren Teil der Brust, der in der Mitte eine eingewachsene Fettschicht aufweist – dieser Teil ist in der Regel saftiger. Das verwendete Fleisch sollte einen sehr hohen Fettanteil aufweisen, damit diese Spezialität auch wirklich gut gelingt. Kauft man zu magere Qualität, so wird die oft bis zu 15 Stunden dauernde Arbeit nur selten auch durch entsprechende Gaumenfreuden belohnt.

15. Spareribs vom Rind, Rinderribs

Wer sich einige Stunden Zeit nimmt und gelegentlich mit Marinade pinselt, wird überrascht sein, wie viel Freude dieses eigentlich kollagenhältige Zwischenrippenfleisch bereiten kann.

16. Rieddeckel, Ribeye Cap

Wird vom Rostbraten (Hohe Rippe) abgehoben und kann im Langsamgarverfahren zu einem herzhaften Gericht veredelt werden. Bei guter Reifung kann der Rieddeckel für geübte Grillkollegen jedoch durchaus auch in der schnellen Grillmethode zubereitet werden.

Abschließend sei gesagt, dass die Benennungen der Steakteile ausführlich recherchiert worden sind. Dennoch wird es immer wieder unterschiedliche Benennungen geben, zurückzuführen ist dies auf landesspezifische, regionsspezifische und branchenspezifische (Fleischerei versus Küche) Besonderheiten.
Ich bedanke mich bei allen fleischkompetenten Fachleuten, die mir quer durch Österreich und Deutschland beim Korrigieren meiner Daten geholfen haben, und wünsche Ihnen, liebe Leserinnen und Leser, mit dem Ergebnis meiner Arbeit viel Freude. Gerne lade ich Sie auf ein Fleischzerlegungsseminar ein, das ich für Konsumenten entwickelt habe.
Die theoretische Erklärung mag noch so hervorragend sein – erst in natura ergibt sich die Möglichkeit des echten Erlebens und Begreifens der Steakteilekunde. Zerteilen Sie selbst unter fachmännischer Anleitung z. B. 20 kg Englischen zu Ihren persönlichen Steakedelteilen.

Es freut sich auf Sie
Ihr
Adi Matzek, Fleischermeister, Fleischsommelier &
Grilldoppelweltmeister!

Mag. Christian PUTSCHER
Ernährungswissenschafter
und Autor

GRILLEN I(S)ST GESUND

»Das Leben gelingt am besten mit einer großen Portion Naturwissenschaft, einem großen Löffel Humor, einer Prise Philosophie und drei Tropfen Lebensgeist.«
Christian Putscher

Beim Grillen treffen sich die Leute, es verbinden sich Soziales, Kulturelles und Traditionelles miteinander. Grillen wird daher am ehesten meiner Lebensphilosophie gerecht.

Was bewirkt das Grillen?

- Die trockene Hitze karamellisiert die Oberfläche auch ohne Fett knusprig und schmackhaft (Maillardreaktion)
- Das Grillgut wird in einen genussfähigen Zustand überführt
- Die Lockerung der Lebensmittel wird durch Abnahme, Schrumpfung und Lösung der Bindegewebsfasern erreicht
- Hitzelabile Gifte werden zerstört
- Die Garprozesse sind in der Regel relativ kurz und trotzdem schonend, der Erhalt der wertvollen Inhaltsstoffe wird bestmöglich gewährleistet
- Die älteste Garmethode der Menschheit ist hier modernen Errungenschaften wie der Mikrowelle haushoch überlegen

Beim Grillen, Braten oder Kurzbraten entsteht eine schöne braune, schmackhafte Kruste. Diese geschmackvolle braune Kruste besitzt gesundheitsfördernde, nämlich

- antioxidative und
- magenschützende Inhaltsstoffe.

Fairerweise muss man jedoch auch die Kehrseite der Medaille erwähnen, denn jede Zubereitungs- und Erhitzungsmethode von Lebensmitteln bringt ein gewisses krebserregendes Potential mit sich. Allen voran die Übeltäter Nummer eins: die heterozyklischen aromatischen Amine (HAA).

Aber keine Panik! Der Vergleich lohnt sich!

Wenn Sie beispielsweise 100 g Hühnerfleisch direkt auf Holzkohle grillen und dabei etwas mehr als vergolden, dann bilden sich 112 Nanogramm (ng) HAAs pro Gramm (g) Hühnerfleisch. In praktischen Zahlen ausgedrückt: Wenn Sie 100 g Hühnerfleisch auf diese Weise verzehren, essen Sie 0,0011 Milligramm (mg) HAAs mit. Zum Vergleich: **Eine** Zigarette liefert 5 mg HAAs! Das würde, was die Kanzerogenität anbelangt, bedeuten: Sie müssten 50 Kilogramm (kg) verkohltes weißes Fleisch essen, um genauso viele Gifte aufzunehmen wie mit **e i n e r** (!) Zigarette.
Wie Sie sehen: kein Grund zur Panik!

Es gilt Adi Matzeks Goldene Grill-Regel: „Vergolden, nicht verkohlen!"

Und übrigens: Seit mindestens 500.000 Jahren sind Menschen aktive Jäger. Und es ist selbstredend, dass das Garen über Feuer und damit in weiterer Folge das Grillen die ältesten und bewährtesten Formen von Nahrungszubereitung darstellen.

Rosmarin, Salbei und Co wirken antioxidativ

Die Zubereitung mit Marinade (beispielsweise Rapsöl, Rosmarin, Knoblauch, Salbei) kann die Gehalte der krebserregenden Stoffe enorm reduzieren. „Kräuter enthalten Antioxidantien, die der HAA-Bildung einen Strich durch die Rechnung machen", sagt Prof. Karin Schwarz vom Institut für Humanernährung und Lebensmittelkunde der Universität Kiel. Die Zugabe von Rapsöl, Thymian und Knoblauch hat ähnliche Effekte.

Gewürze, Kräuter & Co sind echte Scharfmacher

Paprika, Pfefferoni, Kren, Zwiebel, Chili, Basilikum, Schnittlauch, Petersilie, Sellerie, Senf, Kümmel, Muskatnuss, Kardamom, Zimt, Kakao oder Kaffee wirken:

- **gefäßerweiternd**
- **durchblutungsfördernd** und
- **stimulieren** die Lustzentren im Gehirn und den „edelsten Teilen"

Die wahren Helden

Stellen Sie ruhig Senf, Kren und Ketchup auf den Tisch. Die scharfen Senföle, die etwa in Kren, Chili und anderen scharfen Gewürzen vorkommen, regen die Entgiftungsprozesse der Leber an und unterstützen sie effektiv. Tomatenmark bzw. Ketchup strotzen buchstäblich vor Lykopin. Lykopin ist der rote Farbstoff der Paradeiserfrucht, der das Gemüse vor schädlichen Umwelteinflüssen schützt. Auch uns Menschen schützen Lykopin und andere Farbstoffe wie beispielsweise grüne (Zucchini, Paprika), orange (Kürbis), gelbe (Mais, Erdapfel, Gelbe Rüben), violette (Aubergine, Artischocke) Carotinoide

sehr wirkungsvoll vor freien Radikalen, allerdings kann der Körper den Farbstoff erst im gekochten Zustand richtig verwerten.

In jedem Fall gilt: Bunte Farben des Gemüses tun nicht nur dem Auge gut! Auch Pilze sollten Sie dann und wann mit auf den Rost legen, denn deren lösliche Ballaststoffe saugen Schädliches auf wie ein Schwamm und passieren so unseren Verdauungstrakt.

Für mehr Vitalität und Lebenslust

Dass Grillen (und Kochen) eine Männerdomäne ist, mag viele Ursachen haben, eine davon ist zweifelsohne hormonell bedingt: Der Mann benötigt eine gute Portion Fleisch, um den Hormonhaushalt in Ordnung zu halten. Testosteron braucht Zink, und Zinklieferanten Nummer eins in unserer Nahrung sind zweifelsohne Fleisch (Rind, Schwein, Lamm oder Wild) und Fisch. Der Vitalitätsmineralstoff Zink sorgt Tag für Tag für eine reibungslose Hormonbildung (z. B.: Insulin, Testosteron), für eine starke Immunabwehr und einen potenten Stressschutz.

Fische oder Muskelfleisch sorgen für eine angepasste Zinkzufuhr. Dies führt zu einem stabilisierten Testosteronspiegel und somit zu einer verbesserten Verarbeitung von Trainingsreizen und Stress!

Diese wirkmächtigen Lebensmittel mit effektivem Jod und Eisen sorgen für eine tadellose Schilddrüsenfunktion und einen optimalen Eisenstoffwechsel. Dies wiederum ist für Kinder, Frauen, Sportler, geistig Geforderte und Gestresste von enormer Bedeutung, weil Eisen sowohl zum Sauerstofftransport als auch als Antioxidans dient. Der so genannte **„meat effect"** bedeutet nichts anderes, als dass Eisen aus dem fett- und kalorienarmen Fleisch perfekt vom Körper aufgenommen werden kann.

Glücksgefühle

Damit das Hormon aber auch dorthin gelangt, wo es hinkommen soll, ist entscheidend, dass die Durchblutung gut in Schuss ist. Gewürze und Kräuter wie Basilikum, Petersilie und Kresse, aber auch Chili, Pfeffer und Ingwer halten die Gefäße elastisch und sorgen so für den problemlosen Transport. Scharfe Speisen regen zudem die Produktion körpereigener „Glückshormone" (Endorphine) an.

Grillen macht schlank

Gegrilltes ist zudem unserer Figur sehr zuträglich. Das liegt zum einen daran, dass der Brennwert beispielsweise von Fleisch bei sehr guter Nährstoffdichte und biologischer Verfügbarkeit gering ist, zum anderen ist die Verweildauer von Eiweißträgern im Magen wesentlich länger als etwa von Kohlenhydraten (Nudeln, Reis). Dadurch sind wir schneller satt und bleiben es auch, der Grundumsatz wird über Stunden erhöht, mit dem Effekt, dass unser Organismus bei der Verdauung deutlich mehr Energie verbraucht. Wenn Ihnen nach einem guten Steak also der Bauch so richtig warm wird, können Sie sicher sein, dass Ihr Verdauungssystem quasi Sport für Sie betreibt.

Grillen ist somit gesund – noch gesünder wird es, wenn man Fleisch, Fisch, Gemüse und Gewürze raffiniert kombiniert und die Eigenschaften der einzelnen Nahrungsmittel nützt.

Viel Freude und Genuss
wünscht Ihnen
Christian PUTSCHER

RUBS & MOPPS

Die Rub-Rezepte sind von Adi Bittermann und seinen Pitmasters (dem Grillteam von Adi Bittermann) zusammengestellt. Man kann – besser gesagt: soll – die Rubs jederzeit nach seinen eigenen Geschmacksvorlieben abändern.
Ein Tipp dazu: einfach viel ausprobieren und variieren, aber gleich aufschreiben, damit man dann weiß, mit welchen Zutaten gearbeitet wurde.

Die Rubs geben als elementares Würzmittel dem Fleisch einen besonderen Geschmack; sie sollten luftdicht gelagert werden, das verlängert ihre Haltbarkeit. Rubs kann man auch zum Würzen von Saucen verwenden. Nachdem man das Grillgut gründlich mit dem Rub bestreut und diesen in das Fleisch einmassiert hat, sollte das Grillgut noch ein wenig ruhen, damit die Gewürze ihren Geschmack entfalten können.

RUB RUB RUB

SCHOPFBRATEN-RUB PULLED PORK RUB

Für Schweinsschulter, Schopfbratensteak, Spareribs, Geflügel, Enten.

Zutaten

1 EL (geschroteter) schwarzer Pfeffer
4 EL Kräuter der Provence
4 EL brauner Zucker
2 EL edelsüßes Paprikapulver
8 EL grobes Meersalz
2 EL Knoblauchpulver
1 Msp. Chiliflocken

Zubereitung

Alle Zutaten gut vermischen; luftdicht verschlossen und gut gekühlt ist dieser Rub einige Monate haltbar.

Für 1 kg Fleisch benötigen Sie 30–50 g Gewürzmischung.

MAGIC DUST RUB

Dieses Rezept stammt von den Pitmasters.

Für Garnelen, Meeresfrüchte und Geflügel.

Zutaten

4 EL feines Meersalz
16 EL mildes Paprikapulver
8 EL brauner Zucker
4 EL Senfpulver
2 EL Cumin
2 EL gemahlener schwarzer Pfeffer
6 EL Knoblauchgranulat
2 EL Cayennepfeffer
2 EL gemahlener Ingwer
1 EL gemahlener Koriander
2 EL getrockneter und gerebelter Oregano

Achtung! Wenn bei den Rezepten nicht anders angegeben, die Zutaten für den jeweiligen Rub einfach gut vermischen.

BUTT GLITTER RUB

Für Geflügel (Stubenküken bis Perlhendl, Maishendlbrust), Garnelen, Krustentiere, Muscheln.

Zutaten

6 EL Paprika
3 EL Salz
3 EL weißer Zucker
2 EL Cumin
2 EL Knoblauchpulver
2 EL granulierte Zwiebel
1 EL Oregano
1 EL Pfeffer
1 EL Chilipulver
1 EL Selleriesalz

MEMPHIS STYLE PULLED PORK RUB

Für À-la-Minute-Gerichte vom Rind: Entrecôte, Rinderfilet, Chateaubriand.

Zutaten

2 EL edelsüßes Paprikapulver
1 EL Salz
1 EL Zwiebelpulver
1 EL schwarzer Pfeffer
1 TL Cayennepfeffer

CAJUN RUB

Für Geflügel, Fisch (Saibling, Lachsforelle).

Zutaten

2 EL Knoblauchgranulat
1 TL Cayennepfeffer
1 EL schwarzer Pfeffer
2 EL getrockneter Thymian
1 EL Oregano
1 EL Salz

ARNDT WOLFGANG: WAR RUB 01

Für Lamm- und Rehfleisch, Kalbsrücken, Mangalitzarücken.

Zutaten

2 EL Vollrohrzucker
1 EL Gewürzsalz
2 EL granulierte Zwiebel
1 EL Staubzucker
1 EL edelsüßes Paprikapulver
1 EL Knoblauchgranulat
1 Msp. Chiliflocken
1 Msp. Cayennepfeffer
1 Msp. gemahlener Ingwer
1 TL gemahlener Muskat
1 TL Bohnenkraut

Zum Mörsern

1 EL Senfkörner
1 EL Pfeffermix
1 TL Koriander
1 TL Piment
1/2 Zimtstange
1 TL Kreuzkümmel
1 TL weißer Kardamom
1 TL grüner Kardamom
1 TL Macisblüte
6 Gewürznelken

Zubereitung

Alle Zutaten zum Mörsern fein zerstoßen und mit den restlichen Gewürzen vermischen.

RUB FOR PULLED LAMB

Für Lammstelzen, Lammschlögel, Fleischbällchen.

Zutaten

2 EL Pfeffer
3 EL brauner Zucker
2 EL Salz
2 EL Knoblauchpulver
4 EL Paprika
1 TL Piment

MOINKBALL RUB

Für Faschiertes von Rind und Lamm.

Zutaten

2 EL Paprikapulver
1 EL schwarzer Pfeffer
1/2 TL Chilipulver
1/2 TL Zwiebelpulver
1/2 TL Knoblauchpulver
2 TL Selleriesalz
1 Prise Cayennepfeffer

RINDFLEISCH-RUB
(Rinderrippe)

Für Brisket, Flank Steak, Sirloin Steak.

Zutaten

2 EL frisch gemahlener
   weißer Pfeffer
2 EL Paprikapulver
2 EL Zucker
1 EL Meersalz
1 Msp. Chilipulver
1 EL Knoblauchgranulat
1 EL Zwiebelpulver

RINDER-RUB

Für jede Art von Rindfleisch, das sich grillen oder smoken lässt!

Zutaten

8 EL edelsüßes Paprikapulver
1 EL Chilipulver mild oder mittelscharf
8 EL brauner Zucker
1 EL gemahlener schwarzer
   Pfeffer
2 EL Cayennepfeffer
2 EL Knoblauchgranulat
16 EL g grobes Meersalz

Zubereitung

Alles zusammenmischen, den Rub kann man sehr gut über mehrere Monate im Rexglas aufbewahren.

„ADI-RUB"

Für Wild und Wildgeflügel.

Zutaten

3 EL gemahlener schwarzer Pfeffer
1 EL getrockneter Oregano
1 EL getrockneter Koriander
1 EL gemahlene Lorbeerblätter
1 TL gemahlener Cumin
1 TL Zwiebelpulver
1 TL getrocknete und
   gemahlene Orangenschalen
1 Prise Chilipulver
100 g grobes Meersalz
50 g brauner Zucker

MOPP MOPP MOPP

Ursprünglich benützte man zum Moppen einen richtigen (Wisch-)Mopp, um große Fleischmengen vor dem Austrocknen zu bewahren. Der Mopp wird in die Mopp-Sauce getaucht, und man erreicht damit dank des langen Stiels auch auf einer riesigen Feuerstelle problemlos jedes Stück Fleisch. So kam der Barbecue-Mopp zu seinem Namen. Heute findet für den Hausgebrauch nur eine Miniaturversion des ursprünglichen Mopps Verwendung, wobei es sich meist um dicke Pinsel aus Silikon handelt. Die Mopp-Rezepte sind allerdings gleich geblieben. Die Mopp-Saucen können warm oder kalt verwendet werden.

MOPP-SAUCE

Passt überall, vor allem zu Geflügel, Salzwasserfischen und Krustentieren.

Zutaten

100 ml Wasser, 200 ml Bier
100 ml Apfelessig
50 ml Olivenöl
1 fein gehackte Zwiebel
1 fein gehackte Knoblauchzehe
1 EL Worcestersauce
1 EL Rindfleisch-Rub

Zubereitung

Alle Zutaten aufkochen.

SPICE-APFEL-MOPP

Für jede Art von Geflügel und für Faschiertes (faschierte Bällchen, faschierte Lammspieße, Cevapcici usw.).

Zutaten

250 ml Ketchup
500 ml Apfelsaft
70 ml Melasse
70 ml Apfelessig
70 g brauner Zucker
70 g weißer Zucker
1 TL Chilipulver
1 TL gemahlener Zimt
1 TL Nelkenpulver
1 EL Selleriesalz

Zubereitung

Alle Zutaten zusammen einköcheln lassen.

MEMPHIS-MOPP

Für Rinderhüfte, Rinderrippe, gesmoktes Hüferl.

Zutaten

500 ml Ketchup
2 fein gehackte Knoblauchzehen
250 g fein gehackte Zwiebel
250 ml Rotweinessig
70 g Senf
70 g brauner Zucker
1 EL Tabasco

Zubereitung

Zutaten vermischen und so lange kochen, bis die Zwiebeln weich sind.

LEMON-ZUCKER-MOPP

Für Geflügel, Schweine- und Kalbfleisch, Lamm.

Zutaten

500 ml Ketchup
120 g Zitronenzesten, Saft von 3 Zitronen
4 EL Melasse
1 EL Worcestersauce
1 EL Liquide Smoke
1 EL Senfpulver
2 EL Zwiebelpulver
1 EL gem. schwarzer Pfeffer

Zubereitung

Alle Zutaten zusammen ca. 10 Minuten köcheln.

JALAPEACH-MOPP

Für Rindfleisch, Kalbfleisch, Schwein, Wild und Krustentiere.

Zutaten

450 g Dosenpfirsiche mit Saft
30 g fein gehackte Zwiebel
2 EL fein gehackte Jalapeños
2 TL Pfirsichsaft von den Dosenpfirsichen
2 EL Mango-Chutney
2 TL brauner Zucker
1 TL Worcestersauce
1 TL Salz
1 TL gemahlener Kumin

Zubereitung

Die Zutaten in einem Topf leicht aufkochen lassen, dann bei kleiner Hitze ca. 25 Minuten eindicken.

GÖTTLESBRUNNER FLADENBROT
GEGRILLTE BRATENBROTE
KARTOFFELAUFLAUF MIT LAUCH
GEFÜLLTER KRAUTKOPF
MANGOLD-QUICHE
SÜSSKARTOFFELN AUF DER GLUT
PAPRIKA EINMAL ANDERS
GEGRILLTE GAZPACHO
PIKANTE KÜRBIS-PIZZA MIT APFEL
BIRNE MIT KÄSE UND BLÄTTERTEIG
SCHAFKÄSE IM TOMATEN-GEMÜSE GEGRILLT
GEGRILLTE KÜRBISSUPPE
CAMEMBERT MIT KRÄUTERN IM BRICKBLATT
SCHAFKÄSE IM SPECK TRIFFT ERDÄPFELKAS
GEGRILLTES PARTYKRANZERL
ADIS PARTYKRANZERL
CARNUNTINER BRATWURST IM WECKERL

Gemüse Brote & Snacks

GÖTTLESBRUNNER FLADENBROT

Zutaten

500 g weißes Mehl
50 g Haferflocken
12 g Meersalz
5 g Natron
400 ml Buttermilch

Zubereitung

- Den Grill für hohe indirekte Hitze vorbereiten. Zum Backen des Brotes kann man den Weber Pizzastein oder die Weber Grillpfanne verwenden, der Pizzastein sollte im Grill vorgeheizt werden.
- Das Mehl in die Rührschüssel der Küchenmaschine sieben, Haferflocken, Meersalz und Natron beifügen und langsam durchrühren. Dabei langsam die Buttermilch zugeben, bis ein geschmeidiger Teig entsteht. Mit dem Knethacken so lange weiterkneten, bis der Teig geschmeidig ist und nicht mehr klebt. Eventuell etwas Mehl beifügen.
- Den Teig zu einem Fladenbrot formen und mit einem Messer die Oberseite mehrfach einschneiden.
- Den aufgeheizten Weber Pizzastein mit Mehl bestäuben. Den Teig daraufsetzen und flach drücken, ca. 2½–3½ cm stark. Den Pizzastein in den Grill stellen, den Deckel schließen und das Brot ca. 25–30 Minuten indirekt grillen.

Tipp: In das Brot können auch Nüsse oder Speckwürfel eingearbeitet werden.
Um ein optimales Ergebnis zu erzielen, kann man den Pizzastein im Grill noch zusätzlich auf zwei Ziegelsteine stellen.

Wenn einmal etwas übrig bleibt: Brot reiben und für Brösel verwenden.

Grilltemperatur	200–210 °C
Grillzeit	ca. 25–30 Minuten
Grillmethode	indirekt

GEGRILLTE BRATENBROTE

Zutaten

300 g Bratenreste
3 Knoblauchzehen
1 Zwiebel
1 EL gehackte Petersilie
1 EL geriebener Kren
250 g Magertopfen
1 Eidotter
Salz, Pfeffer
4 Schnitten Schwarzbrot

Zubereitung

- Bratenreste, Knoblauch und Zwiebel kleinwürfelig schneiden. Knoblauch und Zwiebel in einer heißen Pfanne mit etwas Öl anschwitzen, Petersilie und Bratenreste hinzufügen und weitere 3 Minuten braten.
- Bratenmischung aus der Pfanne nehmen und abkühlen lassen.
- In einer Schüssel die Bratenmischung mit Topfen, Kren und Dotter vermischen und mit Salz und Pfeffer pikant abschmecken.
- Die Schwarzbrotschnitten mit der Masse bestreichen und im Grill indirekt bei ca. 230 °C ca. 6–8 Minuten grillen, bis die Oberfläche goldbraun ist.

Grilltemperatur	230 °C
Grillzeit	6–8 Minuten
Grillmethode	indirekt

KARTOFFELAUFLAUF MIT LAUCH
aus dem Dutch Oven

Zutaten

1/2 kg Kartoffeln
2 Knoblauchzehen
125 g geschnittener roher Lauch
1/8 l Sauerrahm
1/8 l Schlagobers
1 Ei
2 EL geriebener Parmesan
Salz
gemahlener Pfeffer
geriebene Muskatnuss
Öl

Equipment

Dutch Oven
Anzündkamin
ca. 25 Holzkohlebriketts

Zubereitung

- Den Dutch Oven mit Öl und etwas Knoblauch ausstreichen.
- Die Kartoffeln schälen und in ca. 2–3 mm dicke Scheiben schneiden, den Lauch in feine Streifen schneiden. Den Dutch Oven mit den Kartoffelscheiben und dem Lauch auslegen und würzen. Obers, Ei und Sauerrahm vermischen, würzen und über die Kartoffeln gießen. Abschließend mit dem Parmesan bestreuen.
- Den Deckel aufsetzen und mit dem Beheizen beginnen.
- Den Dutch Oven von unten mit ca. 15 Kohlebriketts und von oben mit ca. 10 Kohlebriketts beheizen.
- Nach ca. 50–60 Minuten ist der Kartoffelauflauf fertig.

Grilltemperatur	nicht messbar
Grillzeit	ca. 50–60 Minuten
Grillmethode	indirekt

GEFÜLLTER KRAUTKOPF

Das sollte ein jeder Grill-Fan einmal ausprobiert haben!

Zutaten

1 Krautkopf
8 Scheiben geräucherter Bauchspeck
200 ml Bratenfett
(oder auch Grammelschmalz)
Salz, Pfeffer
gemahlener Kümmel

Equipment

ein großes Stück Alufolie

Zubereitung

- Beim Krautkopf die äußeren Blätter entfernen, den Kopf in 8 Teile schneiden und den Strunk entfernen. Mit dem geschmolzenen Fett die Krautteile einpinseln, mit Salz, Pfeffer und gemahlenem Kümmel würzen.
- Den Krautkopf dann wieder „zusammenbauen" und dabei zwischen die Teile je eine Speckscheibe legen (es empfiehlt sich, das zu zweit zu machen).
- Den fertig zusammengesetzten Kopf auf die Alufolie legen und eingepackt bei indirekter Hitze 3 Stunden grillen.
- Durch das lange Grillen dünstet das Kraut in dem Bratenfett und bekommt dadurch dessen wunderbaren Geschmack. Mit einem Holzspieß kann man testen, ob der Krautkopf schon weich ist.

Tipp: Dazu serviert man Sauerrahm.

Wenn einmal etwas übrig bleibt: Reste lassen sich sehr gut zu Krautfleckerln weiterverarbeiten.

Grilltemperatur	160 °C
Grillzeit	3 Stunden
Grillmethode	indirekt

MANGOLD-QUICHE

Zutaten

200 g Mehl
100 g Butter
175 g Kräuter-Doppelrahmfrischkäse
4 Eier
Salz
500 g Mangold
150 g Speck
80 g geriebener Bergkäse
oder Parmesan
200 ml Schlagobers
Pfeffer
geriebene Muskatnuss
etwas gerebelter Thymian

Zubereitung

- Für den Quicheteig das Mehl mit der Butter, 100 g Kräuterfrischkäse, 1 Ei und ca. ½ TL Salz auf der Arbeitsplatte zu einem glatten Teig verarbeiten. Den Teig eine Stunde im Kühlschrank kühl stellen.
- Mangold waschen, die Stile in schmale Streifen schneiden, die Blätter grob hacken. Speck fein würfeln. Den restlichen Kräuterfrischkäse mit Schlagobers und 3 Eiern verquirlen, mit Salz, Pfeffer, Muskat und Thymian würzen.
- Den Speck in einer heißen Pfanne einige Minuten braten, zuerst die Mangoldstile, dann die gehackten Blätter zufügen und bei mittlerer Hitze ca. 7 Minuten weiterbraten.
- Den Quicheteig auf der bemehlten Arbeitsplatte rechteckig dünn ausrollen und in ein Emailgeschirr (ca. 30 x 20 cm) geben, den Rand rundherum gleichmäßig hoch abschneiden und andrücken.
- Den Käse unter die Mangold-Speck-Mischung mengen, auf dem Teig verteilen und die Eiermasse darübergießen. Die Mangold-Quiche im Grill indirekt bei ca. 200 °C ca. 35–40 Minuten grillen, bis die Oberfläche schön goldbraun ist.

Grillzeit	ca. 35–40 Minuten
Grilltemperatur	200 °C
Grillmethode	indirekt

SÜSSKARTOFFELN AUF DER GLUT

Zutaten

4 Süßkartoffeln
Salz, Pfeffer
100 g fein gehackte rote Paprika
1 EL Honig
gemahlener Ingwer
100 g frisch gehackte Petersilie

Zubereitung

- Die Süßkartoffeln waschen und die Schale gut abbürsten, Weber-Briketts im Anzündkamin bis zur Glut gut durchheizen. Die glühenden Briketts in den Grill leeren und die Süßkartoffeln direkt auf die Glut legen. Etwa 50–60 Minuten auf der Glut lassen, immer wieder wenden, die Süßkartoffeln werden dabei ziemlich dunkel und grau.
- Die Kartoffeln von der Glut nehmen und 15 Minuten rasten lassen, quer einschneiden, mit einem Löffel aushöhlen, noch warm würfeln, salzen, pfeffern und mit den anderen Zutaten vermengen und dann entweder in der Schale servieren oder auf einem Teller als Beilage anrichten.

Tipp: Kann auch als eigenständiges vegetarisches Gericht mit frischem Salat serviert werden.

Wenn einmal etwas übrig bleibt: Mit etwas Crème fraîche aufmixen und als Süßkartoffelpüree servieren.

Grillzeit ca. 50–60 Minuten
Grillmethode direkt

PAPRIKA EINMAL ANDERS

Zutaten

2 rote Paprika
2 gelbe Paprika
8 Cherrytomaten
16 kleine Kapernbeeren
16 schwarze Oliven
120 g fester Schafkäse
1 fein gehackte rote Zwiebel
150 g klein geschnittene gekochte Nudeln
je 1 TL Oregano, Basilikum, Thymian, Salbei
1 Msp. Chilipulver
1 TL Zucker
1/2 l Tomatensauce (siehe S. 59)
Salz, Pfeffer
100 g geriebener Parmesan
2 fein gehackte Sardellenfilets
8 Basilikumblätter zum Dekorieren

Zubereitung

- Die Tomatensauce in eine kleine Auflaufform füllen. Die Paprika waschen, halbieren, Kerne entfernen, die Cherrytomaten achteln, Zwiebel, Kapern und Sardellen hacken und mit dem grob zerdrückten Schafkäse, den Gewürzen, dem Zucker und den Nudeln gut vermengen. Die Masse salzen und pfeffern und in die Paprika füllen, in die Form legen und bei 160 °C direkt 35 Minuten grillen.
- Vor Ende der Grillzeit mit Parmesan bestreuen und noch 5 Minuten fertig grillen, herausnehmen, auf einem Teller anrichten, mit Tomatensauce garnieren und mit den frischen Basilikumblättern dekorieren.

Tipp: Wird die Paprikahaut vor dem Grillen mit Olivenöl eingepinselt, wird sie beim Grillen nicht schwarz. Rote und gelbe Paprika haben mehr Vitamine und schmecken süßer.

Grilltemperatur	160 °C
Grillzeit	ca. 40 Minuten
Kerntemperatur	70 °C
Grillmethode	direkt

GEGRILLTE GAZPACHO

Zutaten

8 Strauchtomaten
4 rote Paprika
2 rote Zwiebeln
1 rote Chilischote
1 Salatgurke
2 Knoblauchzehen
2 EL frisches Basilikum
6 EL Olivenöl
2 EL Rotweinessig
2 TL Zucker
Salz, Pfeffer
500 ml Tomatensaft
(zum Verdünnen falls nötig)

Zubereitung

- Tomaten und Paprika im Ganzen ca. 15–20 Minuten bei 160–180 °C direkt grillen, dabei öfters wenden, bis das Gemüse rundherum schwarz wird. Dann vom Grill nehmen, in einen Gefrierbeutel geben, zubinden und 10 Minuten ziehen lassen, der entstehende Dampf hilft beim Runterlösen der Haut.
- Die Haut danach von Tomaten und Paprika abschälen, der Länge nach halbieren, mit einem Teelöffel die Kerne entfernen, ein Drittel klein-würfelig schneiden und für die Einlage zur Seite stellen.
- Den Rest mit der geschälten und entkernten Gurke, dem Knoblauch und den Zwiebeln – beides fein gehackt – und der entkernten Chilischote in der Küchenmaschine fein aufmixen, würzen, das Olivenöl und den Essig dazugeben und mit dem Tomatensaft auf eine cremige Konsistenz bringen. Ganz zum Schluss das frische Basilikum hineinstreuen.
- Im Kühlschrank zugedeckt ca. 4 Stunden durchkühlen und mit dem gewürfelten Gemüse kalt servieren.

Tipp: Eine Gazpacho kann gut am Vortag vorbereitet werden, als Einlage eignen sich kalte Räucherfische oder gegrillte Garnelen.

Wenn einmal etwas übrig bleibt: Die Gazpacho einreduzieren und einfrieren. Mit Butter montiert, eignet sie sich hervorragend als Sauce zu gegrillten Schweinsmedaillons.

Grilltemperatur	160–180 °C
Grillzeit	15–20 Minuten
Grillmethode	direkt

PIKANTE KÜRBIS-PIZZA MIT APFEL

Zutaten für den Teig

41 g Germ
400 ml lauwarmes Wasser
800 g Mehl
8 EL Olivenöl
2 TL Salz

Für den Belag

1 kleiner Hokkaido-Kürbis
Kräutersalz
1 Apfel
1 Zwiebel
150 g Frühstücksspeck
Pizzasauce
100 g geriebener Gouda
100 g würfelig geschnittener Feta
Oregano

Equipment

Pizzastein

Zubereitung

- Germ in lauwarmem Wasser auflösen und 15 Minuten stehen lassen. Mehl mit Olivenöl, Salz und dem Germ vermengen und zu einem glatten Teig verkneten, ca. 45 Minuten an einem warmen Ort zugedeckt gehen lassen.
- Hokkaido-Kürbis entkernen und das Fruchtfleisch ungeschält in dünne Spalten schneiden. Beidseitig mit Kräutersalz würzen. Apfel und Zwiebel schälen und ebenfalls in dünne Spalten schneiden. Speck in dünne Streifen schneiden.
- Pizzastein mindestens 10 Minuten gut vorheizen.
- Pizzateig nochmals durchkneten und vierteln, die Teile ausrollen, dünn mit Pizzasauce bestreichen, mit Gouda bestreuen und mit Gemüse und Speck belegen. Zuletzt mit Schafkäse und Oregano bestreuen.
- Die Pizzen jeweils auf dem Pizzastein indirekt bei ca. 220 °C grillen, bis der Schafkäse braun wird und der Kürbis gar ist.

Grilltemperatur	ca. 220 °C
Grillzeit	12 Minuten
Grillmethode	indirekt

BIRNE MIT KÄSE UND BLÄTTERTEIG

Zutaten

4 reife süße Birnen
4 St. Camembert à 50 g
200 g Blätterteig
1 Ei zum Bestreichen
1 Schuss Birnenschnaps
brauner Zucker

Zubereitung

- Birnen halbieren, das Kerngehäuse vorsichtig ausstechen, mit etwas Schnaps und braunem Zucker marinieren, die Camembertstücke halbieren und je ein Stück auf eine Birnenhälfte legen.
- Den Blätterteig rund (Durchmesser ca. 8 cm) ausstechen, mit einem kleinen scharfen Messer in der Mitte vier- bis fünfmal einschneiden, auf die Birne mit dem Käse legen und auf dem heißen Grill zugedeckt indirekt ca. 14–18 Minuten bei 180 °C grillen.

Tipp: Den Blätterteig kann man auch weglassen, verkürzt die Grillzeit.

Grilltemperatur	180 °C
Grillzeit	ca. 14–18 Minuten
Grillmethode	indirekt

SCHAFKÄSE IM TOMATEN-GEMÜSE GEGRILLT

Zutaten

200 ml Tomatensauce
Salz, Pfeffer
je 1 TL gehackter Oregano,
Thymian, Salbei
1 TL gehacktes Basilikum
etwas Olivenöl zum Einfetten
400 g fester Schafkäse
1 rote Zwiebel
1 roter Paprika
10 kleine Tomaten
1 TL frisch geschnittener Schnittlauch
1 TL frischer Oregano

Zubereitung

- Die Tomatensauce mit Salz, Pfeffer und den frischen Kräutern aufmixen, eine Auflaufform mit Olivenöl auspinseln, die Tomatensauce einfüllen, Schafkäse in 4 große Stücke schneiden und in die Tomatensauce legen.
- Zwiebel und Paprika in dünne Ringe schneiden und über dem Schafkäse verteilen, die kleinen Tomaten dazwischensetzen. Ca. 40 Minuten direkt grillen.
- Zum Schluss mit frischem Schnittlauch und Oregano bestreuen.

Tipp: Für dieses Gericht kann man auch Ziegenkäse verwenden.

Wenn einmal etwas übrig bleibt: Lässt sich gut für eine Schafkäse-Tomaten-Suppe aufmixen oder mit gekochten Kartoffeln zu einem Aufstrich verarbeiten.

SCHNELLE TOMATENSAUCE

Zutaten

50 g Tomatenmark
1 EL brauner Zucker
4 EL Olivenöl
1/2 kg Tomaten
200 ml Gemüsefond
Salz
Chilipulver

Zubereitung

Tomatenmark in einem Topf mit Zucker und Olivenöl anschwitzen, die geviertelten Tomaten dazugeben, mit Gemüsefond aufgießen, ca. 10–15 Minuten aufkochen, mit Salz und Chili abschmecken, mit dem Stabmixer fein aufmixen und passieren.

Grilltemperatur	160 °C
Grillzeit	40 Minuten
Grillmethode	direkt

GEGRILLTE KÜRBISSUPPE

Zutaten

1 kg geschälter Muskatkürbis
100 g geschälter frischer Ingwer
100 g brauner Zucker
100 ml Original Mississippi-Sauce Apple
100 ml Weißwein
500 ml Gemüsefond
100 g fein gehackte Zwiebel
2 EL Öl
Salz, Pfeffer
1 Prise Muskatnuss
etwas Sauerrahm zum Abschmecken

Zubereitung

● Den geschälten Muskatkürbis in vier Teile schneiden, im vorgeheizten Grill bei 200 °C scharf rundherum angrillen. Danach 15–20 Minuten indirekt weitergrillen.

● In der Zwischenzeit die Zwiebel in einem kleinen Topf mit etwas Öl anschwitzen, den braunen Zucker dazugeben, kurz karamellisieren lassen, mit der original Mississippi-Sauce Apple aufgießen, mit Weißwein und Gemüsefond auffüllen, den frisch geschälten Ingwer hineinreiben und einmal aufkochen lassen.

● Den Kürbis vom Grill nehmen, in kleine Stücke schneiden, in den Suppenansatz geben und ca. 15–20 Minuten mitkochen lassen.

● Mit Muskatnuss, Salz und Pfeffer abschmecken und mit dem Stabmixer fein pürieren, mit etwas Sauerrahm abschmecken und in vier vorgewärmten Suppentassen servieren.

Wenn einmal etwas übrig bleibt: Kürbissuppe kann man gut in Rexgläsern konservieren, oder man reduziert sie langsam ein, bis eine dicke Pasta entsteht, und verarbeitet sie mit ausgepresstem Topfen zu einem Aufstrich.

Grilltemperatur	150 °C / 200 °C
Grillzeit	ca. 30 Minuten
Kerntemperatur	ca. 86 °C
Grillmethode	direkt und indirekt

CAMEMBERT MIT KRÄUTERN IM BRICKBLATT

Zutaten

4 St. Camembert à 50 g
frische Kräuter zum Belegen
4 Brickblätter
1 Ei
etwas Öl

Zubereitung

- Die Camembert-Stücke quer halbieren, mit den frischen Kräutern belegen, das Brickblatt mit dem versprudelten Ei bepinseln, den Camembert in der Mitte auflegen und das Brickblatt zu einem Viereck einschlagen.
- Auf den Grill eine Gusseisenplatte auflegen, einpinseln, auf die heiße Platte den eingepackten Camembert geben und bei ca. 180 °C ca. 2–3 Minuten pro Seite zugedeckt grillen.

Tipp: Dieses Gericht passt mit Chutney serviert ideal als Dessert oder man kann es in einem Burger mit frischen Salaten als knusprigen Käseburger anbieten.

Grilltemperatur	ca. 180 °C
Grillzeit	ca. 6 Minuten
Grillmethode	direkt auf der Gusseisenplatte

Vom Zedernholzbrett
SCHAFKÄSE IM SPECK
TRIFFT ERDÄPFELKAS

Equipment

2 gewässerte Zedernholzbretter

Zutaten für den Schafkäse

16 Speckscheiben
500 g fester Schafkäse
8 Basilikumblätter
8 Cherrytomaten

Zutaten für den Erdäpfelkas

500 g gekochte Erdäpfel
150 g fester Schafkäse
Salz, Pfeffer
50 g fein gehackte schwarze Oliven
1 roter Paprika,
in feine Streifen geschnitten
50 g gehackte Petersilie
2 EL Brösel

Zubereitung

● Den Schafkäse in 8 gleich große Stücke schneiden – die Abschnitte können für den Erdäpfelkas verwendet werden –, je 2 Speckscheiben nebeneinander auflegen, den Schafkäse und je ein Basilikumblatt darauflegen und einrollen.
● Die Schafkäserollen auf ein nasses Zedernholzbrett legen, dazwischen je eine Cherrytomate geben und auf den heißen Grill stellen.

Zubereitung

● Die kalten gekochten Erdäpfel pressen, den Schafkäse in kleine Würfel schneiden, mit den fein gehackten schwarzen Oliven, Petersilie, Bröseln, Salz und Pfeffer abmischen und acht gleich große Kugeln formen. Diese auf das nasse Zedernholzbrett legen und ebenfalls auf den heißen Grill stellen. Die Paprikastreifen erst die letzten 10–12 Minuten daraufstreuen, da sie sonst verbrennen.
● Nach ein paar Minuten entwickelt sich durch das Zedernholz ein wunderbares Aroma, welches sich auf das Grillgut überträgt.

Tipp: Das Zedernholzbrett vor der Verwendung mindestens eine Stunde lang in Wasser legen, das Grillgut rasch auf das nasse Brett geben und das Brett umgehend auf den Grill setzen – so lange angrillen, bis das Brett zu knistern beginnt, dann den Deckel schließen.
Vorsicht: Immer eine Sprühflasche mit Wasser bereithalten, falls das Brett zu brennen beginnt!

Wenn einmal etwas übrig bleibt: Den kalten Schafkäse fein hacken und mit gepressten Erdäpfeln und Sauerrahm zu einem Erdäpfel-Speck-Käse verarbeiten oder als Dip für Gemüse-Sticks verwenden.

Grilltemperatur	220 °C
Grillzeit	ca. 30 Minuten
Kerntemperatur	68–70 °C
Grillmethode	direkt

GEGRILLTES PARTYKRANZERL

Zutaten

150 g Schnittkäse nach Geschmack (Gouda, Emmentaler etc.)
150 g Frühstücksspeck
1/2 Bund Frühlingszwiebeln, in dünne Scheiben geschnitten
Oregano
Dip-Sauce

Für den Pizzateig

20 g Germ
200 ml lauwarmes Wasser
400 g Mehl
4 EL Olivenöl
1 TL Salz

Zubereitung

- Den Germ in lauwarmem Wasser auflösen und 15 Minuten stehen lassen. Mehl mit Olivenöl, Salz und dem Germ vermengen und zu einem glatten Teig verkneten, ca. 45 Minuten an einem warmen Ort zugedeckt gehen lassen.
- Pizzateig zu einem ca. 50 cm langen Strang rollen, einen Kreis formen und in eine gefettete Gugelhupfform legen. Die Form zudecken und den Teig an einem warmen Ort gehen lassen, bis er die doppelte Größe erreicht hat.
- Folie entfernen und den Teig bei ca. 180 °C indirekt 20–25 Minuten grillen, bis der Kranz leicht gebräunt ist.
- Den Kranz aus der Form nehmen, überkühlen lassen und in einem Abstand von ca. 2–3 cm kreuzweise einschneiden, dabei nicht ganz bis zum Boden schneiden. In die entstandenen Schlitze Käse, Speck und Frühlingszwiebeln füllen. Mit Oregano bestreuen und den Partykranz weitere 5–10 Minuten grillen, bis der Käse geschmolzen ist.
- Dip-Sauce in eine Schale füllen und in die Mitte des Kranzes gestellt servieren.

Grilltemperatur 180 °C
Grillzeit insgesamt ca. 35 Minuten
Grillmethode indirekt

ADIS PARTYKRANZERL

Zutaten

1 Extrakranzerl Kantwurst
oder Salami
Schinken
Käse
Rauchspeck
(gekochter Frühstücksspeck)

Zubereitung

- Das Extrakranzerl vorsichtig schälen und den Naturdarm entfernen. Allerdings das zusammengebundene Ende nicht entfernen, meist ist es mit einem Metallclip oder mit Spagat fixiert.
- Die obere Seite des Kranzerls alle 2 cm maximal zu zwei Dritteln von innen nach außen einschneiden. Die Einschnitte abwechselnd mit Wurst, Schinken, Käse und Speck füllen.
- Im Griller bei indirekter Hitze von ca. 180–200 °C zubereiten, die Zubereitungszeit beträgt ca. 30 Minuten. Das Partykranzerl muss im Inneren nur erhitzt werden, und außen sollte der Käse schmelzen und der Speck schön knusprig sein.

Tipp: Der Fleischermeister Ihres Vertrauens hat schon bei der Produktion Ihr Extrakranzerl auf 72 °C im Kern erhitzt, somit muss es beim Grillen nur mehr erwärmt und nicht durchgegart werden. Es ist ein ideales Convenience-Produkt, das auch kalt genossen werden kann.

Für jede Kinderparty ideal, aber auch als Appetizer für eine Grillparty.

Grilltemperatur	ca. 180–200 °C
Grillzeit	ca. 30 Minuten
Grillmethode	indirekt

CARNUNTINER BRATWURST IM WECKERL

Zutaten

8 Bauernbratwürste
40 g Butter
200 g Zwiebeln in Streifen
20 g Senfkörner
4 g frischer Estragon
Chiliflocken nach Geschmack
20 g brauner Zucker
20 ml Aceto balsamico
300 ml Rubin Carnuntum
oder anderer kräftiger Zweigelt
Salz, Pfeffer, Cayennepfeffer
4 Hot-Dog-Brötchen

Zubereitung

● Die Butter in einem Topf erhitzen und die Zwiebeln darin glasig dämpfen. Senfkörner, Estragon, Chiliflocken und den Zucker beifügen und so lange weitergrillen, bis sich Karamell bildet. Mit Aceto balsamico ablöschen und ganz einkochen lassen, dann mit dem Rubin Carnuntum auffüllen. Aufkochen, 5 Minuten köcheln lassen, vom Grill nehmen und abkühlen lassen.

● Die Bratwürste rundherum großzügig einstechen und in den kalten Zwiebel-Rotwein-Sud geben, abdecken und über Nacht in den Kühlschrank stellen.

● Den Grill für indirektes Grillen bei 160–180 °C vorbereiten.

● Die Würste aus dem Sud nehmen und indirekt grillen, den Deckel schließen. Den Zwiebel-Rotwein-Sud inzwischen einkochen, mit Salz, Pfeffer und Cayennepfeffer würzen und warm halten.

● Die Hot-Dog-Brötchen einschneiden und die Würste nach einer Grillzeit von 12–15 Minuten in die Brötchen legen. Mit dem eingekochten Sud garnieren und als Finger-Food servieren.

Tipp: Man kann für die Marinade Weiß- statt Rotwein nehmen und Curry dazugeben.

Wenn einmal etwas übrig bleibt: Die Würstel kann man auch in einen faschierten Braten einlegen.

Grilltemperatur	160–180 °C
Grillzeit	ca. 12–15 Minuten
Grillmethode	indirekt

FLYING FORELLE
FORELLENFILET AUF KARTOFFELRÖSTI
MIT WILDKRÄUTERSALAT
FORELLE FLACH MIT GURKENZYLINDER
SAIBLING IM GANZEN AUF KARTOFFELSTAMPF
SAIBLING EINMAL ANDERS
ZANDER IM SPECK GEGRILLT
WOLFSBARSCHRING MIT ZUCCHINIGEMÜSE
BIO-LACHS-SCHNITTE IM GEMÜSEPÄCKCHEN
THUNFISCHSTEAK AM SALZ GEGRILLT
BUTTERFLY- GARNELEN
RIESENGARNELEN AUF COUSCOUS
CALAMARI IN CURRYKARFIOL AUS DEM WOK

FLYING FORELLE

Zutaten

4 Forellen
1 Bio-Zitrone
2 Knoblauchzehen
1/2 Bund Petersilie
Salz aus der Mühle
bunter Pfeffer aus der Mühle
Aceto balsamico

Equipment

Flying-Fisch-Halterung
aus Porzellan
Alternativ Grillfolie,
extrastark

Zubereitung

- Die Forellen mit kaltem Wasser ausspülen und abspülen sowie mit einer Küchenrolle trocken tupfen.
- Die Zitronenschale mit einem Zestenreißer abziehen, den Saft der Zitrone auspressen.
- Den Knoblauch schälen und fein hacken.
- Die Forellen im Inneren gut salzen, mit Knoblauch und Zitronenzesten sowie Pfeffer würzen, außen nur mit Salz und Pfeffer würzen. Den Bauchraum reichlich mit Petersilie auffüllen.
- In die Öffnung der Flying-Fisch-Halterung den Saft der Zitrone mit dem Balsamicoessig gießen und die Forelle mit der Bauchöffnung daraufsetzen.
- Somit kann die Flüssigkeit ähnlich wie beim Bierdosenhenderl verdampfen, so die Forelle vor dem Austrocknen schützen und eine zusätzliche Geschmacksnote verleihen.
- Sollte keine Originalhalterung vorhanden sein, kann man als Alternative mit einer starken, mehrfach gefalteten Grillalufolie ein Schiffchen basteln, auf das man die Forelle setzen kann.
- Die Forellen im Griller bei ca. 180 °C im indirekten Bereich für ca. 15 Minuten grillen.

Tipp: Die Forelle ist fertig, wenn sich die Seitenflosse hinter den Kiemen leicht herausziehen lässt.

Grilltemperatur	ca. 180 °C
Grillzeit	ca. 15 Minuten
Grillmethode	indirekt

FORELLENFILET AUF KARTOFFELRÖSTI MIT WILDKRÄUTERSALAT

Zutaten

4 kalt geräucherte Forellenfilets
6 große Kartoffeln
2 Eier
Salz, Pfeffer, Muskatnuss
2 zerdrückte Knoblauchzehen
2 EL Mehl
etwas Öl
200 g Wildkräutersalat
(oder Rucola oder Vogerlsalat)
100 ml Sauerrahm

Zubereitung

- Die Kartoffeln mit einem Gemüsehobel in dünne lange Spaghetti schneiden (Rettichmaschine, Riffelmesser) und kurz in kaltem Wasser einweichen.
- Die Eier mit den Gewürzen versprudeln, das Mehl und die Knoblauchzehen dazugeben und die ausgedrückten Kartoffeln in die Masse kurz einarbeiten.
- Auf den heißen Grill eine geölte Gusseisenplatte auflegen, Kartoffelstreifen aus der Masse nehmen, kurz abtropfen lassen und vier Häufchen auf die heiße Gusseisenplatte setzen, mit der Gabel flach auseinanderziehen. So erhält man lockere, knusprige Kartoffelrösti.
- Die kalt geräucherten Forellenfilets auf die heiße Kartoffelrösti auflegen und mit Wildkräutersalat und Sauerrahm garnieren.

Tipp: Man kann auch Räucherlachs oder andere geräucherte Fischfilets, welche dünn geschnitten werden, verwenden.

Grilltemperatur: 250 °C

Wenn einmal etwas übrig bleibt: Die Kartoffeln können als Knabbersnacks genossen werden.

Ein Tipp für Spezialisten, die viel Zeit zum Räuchern haben: Das Kalträuchern ist eine schonende Art des Räucherns. In diesem Fall die Forellenfilets auf ein Blech legen, mit einer Gewürzmischung großzügig bestreuen. Filets abdecken und 24 Stunden in den Kühlschrank stellen. Danach die Filets abwaschen, auf einem Gitter weitere 24 Stunden trocknen. Erst jetzt kann der Kalträuchervorgang gestartet werden. Die Forellen werden auf einem Gitter liegend geräuchert. Dazu glüht man 5–6 Holzkohlebriketts im Anzündkamin vor und gibt sie in die Brennkammer eines Smokers oder großen Grills. Drei Rauchgänge über je 8 Stunden werden angesetzt. Während des Räuchervorganges müssen die Briketts mehrmals ersetzt werden. Zwischen den Räuchervorgängen liegt immer eine Ruhephase von 8 Stunden, sodass der gesamte Vorgang 40 Stunden dauert. Die maximale Garraumtemperatur sollte dabei 25 °C nicht übersteigen. Die Menge des Räuchermehls, je nach Räuchervorgang, ist Geschmackssache. Nach dem Räuchern werden die Filets mit einem flach geführten Messer vom Gitter heruntergelöst. Wenn man gleich mehrere Kilo räuchert, zahlt sich diese Räucherart auf jeden Fall aus, obwohl der Aufwand sehr groß ist – denn der Geschmack ist unvergleichlich.

FORELLE FLACH MIT GURKENZYLINDER IM SPECKMANTEL

Zutaten

4 Forellen
1 Zitrone
2 gehackte Petersilienzweige
Salz aus der Mühle
Pfeffer aus der Mühle

Equipment

Grillplatte aus Guss
kleines spitzes Messer
Grillfolie

Zubereitung

- Die Forellen mit kaltem Wasser waschen und mit einer Küchenrolle trocken tupfen.
- Dann bei den Forellen mit einem kleinen Messer durch den Bauchraum hinter dem Kopf das Rückgrat durchtrennen, ebenso zum Schwanzende hin die Forelle ganz aufschneiden und am Schwanzende das Rückgrat durchtrennen.
- Jetzt vorsichtig von der Kopfseite das Rückgrat mit den Fingern anheben und die großen Gräten vom Rückgrat nach außen zum Bauchlappen hin loslösen. Bei der ersten Forelle bereitet dieser Arbeitsschritt möglicherweise noch Schwierigkeiten, aber beim dritten, vierten Fisch geht das sicher schon wesentlich flotter von der Hand. Somit erhält man einen praktisch grätenfreien Fisch, der sich gut zubereiten, aber noch besser essen lässt.
- Die Forellen beidseitig gut salzen, sparsam pfeffern, mit gehackter Petersilie bestreuen sowie mit etwas Zitronensaft beträufeln und alles vorsichtig am Fleisch verreiben und eine halbe Stunde einziehen lassen.
- Eine gut eingeölte Gussplatte auf ca. 180 °C erhitzen und die Fische mit der Hautseite nach unten grillen.
- Am Anfang kann man den Fisch mit einer starken Grillalufolie von oben abdecken, damit bekommt das Fischfilet innen von oben etwas Stauhitze ab und wird schneller gar.
- Auf diese Weise zubereitet, erhält man einen Fisch ohne Gräten, mit einer tollen knusprigen Haut, die nicht am Guss haften bleibt.

Grilltemperatur	ca. 180 °C
Grillzeit	ca. 8 Minuten
Grillmethode	direkt

GURKENZYLINDER IM SPECKMANTEL

Zutaten

1 mittelgroße Gurke
4 Cherrytomaten
4 Scheiben gekochter Frühstücksspeck
Original Mississippi Barbecue-Sauce
Parmesan

Equipment

Gemüseschäler und Ausstecher

Zubereitung

- Aus der Gurke vier möglichst gleichmäßige Zylinder mit ca. 5 cm Höhe schneiden.
- Mit dem Sparschäler auf der Außenseite im Abstand von 1 cm die Haut entfernen, somit erhält man ein schönes Streifenmuster.
- Mit einem kleinen Kugelausstecher den Zylinder von oben zu etwa zwei Drittel aushöhlen. Die Gurkenzylinder außen mit dem Frühstücksspeck umwickeln, sodass oben noch die Gurke sichtbar ist. Der Speck wird am besten dort, wo er überlappt, mit einem Zahnstocher fixiert.
- Die Gurkenfleischkugeln klein hacken, mit der Barbecue-Sauce vermengen und in die Öffnung einfüllen.
- Die Gurkentürmchen werden im indirekten Griller ca. 10 Minuten bei ca. 160–180 °C gegrillt. Währenddessen die Cherrytomaten auf der Oberseite kreuzförmig einschneiden. Nach 10 Minuten die Cherrytomaten mit den Einschnitten nach oben auf die Gurken-Barbecue-Sauce-Füllung setzen.
- Die Tomaten, die sich nach wenigen Minuten öffnen, zum Finish noch mit fein geriebenem Parmesan bestreuen und fertig grillen.

Grilltemperatur	ca. 160–180 °C
Grillzeit	ca. 12–15 Minuten
Grillmethode	indirekt

SAIBLING IM GANZEN AUF KARTOFFELSTAMPF MIT CHARDONNAY-SABAYON

Zutaten

1,2 kg Saibling
4 Thymianzweige
1 Zitrone
Meersalz
Fleur de Sel und Pfeffer
8 festkochende Kartoffeln
100 g Butter
15 g fein geschnittene Petersilie
100 ml Gemüsefond oder Rindssuppe
Salz, Muskat

Zubereitung

- Küchenfertigen Fisch unter kaltem Wasser abspülen und trocken tupfen. Eventuell etwas von den fetten Bauchlappen wegschneiden.
- Die Bauchhöhle kräftig mit grobem Meersalz und Pfeffer würzen. Zitrone heiß waschen und in 1 cm dicke Scheiben schneiden. Zitronenscheiben und Thymianzweige mit Holzspießen in der Bauchhöhle fixieren.
- Die gekochten Kartoffeln in Alufolie einpacken. Den Grill indirekt auf mittlere Temperatur vorheizen.
- Die Kartoffeln auf den Grillrost legen und den Saibling mit der Bauchhöhle auf den Kartoffeln platzieren, sodass der Fisch stehen bleibt. Durch die indirekte Grillmethode wird der Fisch von beiden Seiten gleichmäßig gegart. Das Weber Style Audio-Digital-Thermometer mittig in ein Fischfilet stecken und den Deckel des Grills schließen.
- Den Saibling mit dem Weber Style Pizzaheber vorsichtig vom Grill nehmen, mit Alufolie abdecken und warm halten.
- Die Oberseite des Saiblings vorsichtig mit einem Messer einschneiden. Die Haut mit Gabel und Löffel vom Filet lösen und abziehen. Das Fleisch vorsichtig von den Gräten lösen.
- Das Fischfleisch mit etwas Fleur de Sel und Pfeffer würzen.

Zubereitung Kartoffelstampf

- Die Kartoffeln mit Salz und Butter in Alufolie einwickeln und mitgrillen (es können auch vorgekochte Kartoffeln verwendet werden).
- Die heißen Kartoffeln aus der Folie auspacken, in einem Wok oder Topf mit Butter, Petersilie, Salz, Muskat und Gemüsefond zerstampfen – nicht zu fein – und mit dem Saibling anrichten.

Tipp: Das Gericht kann auch mit Portionsfischen (Fische bis zu 300 g) – Forelle, Saibling oder kleiner Wolfsbarsch – zubereitet werden. Die Grillzeit verkürzt sich dabei auf 15–18 Minuten.

Wenn einmal etwas übrig bleibt: Die abgehobenen Fischfilets zu Fischmousse verarbeiten und anschließend mit Tomaten und knusprigen Brotchips als Vorspeise servieren.

CHARDONNAY-SABAYON

Zutaten

200 ml Weißwein
1 fein gehackte Knoblauchzehe
2 fein gehackte Schalotten
10 Pfefferkörner
Prise Zucker
100 ml Wasser
1 Ei
1 Dotter
Salz, Pfeffer, Cayennepfeffer

Zubereitung

- Wasser, Weißwein, Knoblauch, Schalotten, Pfefferkörner und Zucker in einem Topf bis zur Hälfte reduzieren. In eine Aufschlagschüssel passieren. Den Dotter und das Ei zur Reduktion geben. Über einem Wasserbad oder auf dem Seitenkocher des Grills cremig aufschlagen.
- Mit Salz, Pfeffer und Cayennepfeffer würzen.

Grilltemperatur	180 °C
Grillzeit	45 Minuten
Kerntemperatur	56–62 °C (bei Fisch misst man die Kerntemperatur am besten hinter dem Kopf der Länge nach zur mittleren Flosse, das Kernthermometer mittig einstecken)
Grillmethode	indirekt

SAIBLING EINMAL ANDERS

Zutaten

1 großer Seesaibling
(z. B. vom Gut Dornau), 1–1,20 kg
2 Zitronen
1 kleiner Bund Dille
Salz, Pfeffer, Muskatnuss
100 ml Obers
1 Eiklar

Zubereitung

- Den Saibling filetieren, entgräten und die Haut vorsichtig abziehen. Die Haut innen leicht salzen und mit dem Messer glatt streichen, die Rückenflossen von der Haut abschneiden, diese am Ende der Grillzeit kurz mitgrillen, so wird sie schön knusprig. Den Kopf mitgrillen – die Backen sichern sich die Feinschmecker.
- Die Zitronen in ca. 16 Scheiben schneiden.
- Die beiden Saiblingsfilets dritteln, jeden Teil in zwei „schöne Streifen" schneiden, ergibt 12 Stück.
- Die Randstücke für die Farce weiterverwenden. Die Streifen zusammenrollen, mit Holz- oder Bambusspießen fixieren, auf die Zitronenscheiben legen und leicht salzen.
- Das restliche Fischfleisch von den Gräten herunterschaben und mit den Randstücken der Saiblingsfilets in einen Cutter geben, Obers beimengen, würzen und mit der fein gehackten Dille aufcuttern. 12 kleine Kugeln formen (Eisportionierer) und auf die Saiblingsrollen setzen.
- Die Törtchen auf ein eingeweichtes Zedernholzbrett legen und dieses rasch auf den Grill setzen. So lange angrillen, bis das Brett zu knistern beginnt, dann den Deckel schließen und die Törtchen bei 200 °C direkter Hitze 18–20 Minuten grillen.

Tipp: Beim Zedernholzbrett ist darauf zu achten, dass es vor der Verwendung mindestens eine Stunde in Wasser gelegt wird.
Vorsicht: Immer eine Sprühflasche mit Wasser vorbereiten, falls das Brett zu brennen beginnt!

Wenn einmal etwas übrig bleibt: Die Saiblingstörtchen auf einem rahmigen Gemüsesockel anrichten oder mit einer Knoblauch-Kräuter-Marinade nappieren.

Grilltemperatur	200 °C
Grillzeit	18–20 Minuten
Kerntemperatur	62 °C
Grillmethode	direkt

ZANDER IM SPECK GEGRILLT

Zutaten

1 Zander (800–1000 g)
Salz, Pfeffer
Olivenöl
Zitronenpfeffer
100 g Blattspinat
18 Scheiben Frühstücksspeck

Zubereitung

- Zander filetieren, Bauchlappen herausschneiden, die Haut abziehen, die Filets auf allen Seiten gut mit Salz, Pfeffer, Zitronenpfeffer und Olivenöl würzen und mit Blattspinat belegen.
- Die Speckscheiben nebeneinander auflegen, die Zanderfilets darauflegen und die Speckscheiben darüber einschlagen.
- Den Zander auf den gut geölten Grillrost legen und in dem auf 220 °C aufgeheizten Grill ca. 2 Minuten pro Seite angrillen, am besten mit einer Backschaufel vorsichtig wenden. Anschließend indirekt 8–10 Minuten fertig grillen.

Tipp: Die Zanderfilets können auch in Rohschinken mit Salbei eingeschlagen werden.

Dazu passt: Honigsenf von Mautner Markhof.

Wenn einmal etwas übrig bleibt: Zanderfilet kalt in 2 cm breite Streifen schneiden und in Fischfond oder einer aufgeschlagenen warmen Fischsauce warm servieren.

Grilltemperatur	220 °C
Grillzeit	12–14 Minuten
Kerntemperatur	62 °C
Grillmethode	direkt angrillen, indirekt fertig grillen

WOLFSBARSCHRING MIT ZUCCHINIGEMÜSE

Zutaten

4 Wolfsbarschfilets
2 Zucchini
1/4 roter Paprika
1/4 gelber Paprika
1/2 rote Zwiebel
2 cl Balsamicoessig
1 Schweinsnetz

Equipment

Gemüseschäler und Ausstecher

Zubereitung

- Die Wolfsbarschfilets zuschneiden und die möglicherweise vorhandenen Bauchflossen entfernen.
- Aus den Zucchini vier ca. 6–7 cm hohe Zylinder schneiden und in Zentimeterabständen die Haut abschälen.
Das Innere der Zylinder von oben mit einem Parisienne-Ausstecher aushöhlen.
- Einen Teil der ausgestochenen Zucchinimasse, die Zwiebel und die Paprika in kleine Würfel schneiden. Das klein geschnittene Gemüse in einem Geschirr anschwitzen, salzen und pfeffern und mit einem Schuss Balsamicoessig ablöschen.
- Die Fischfilets um die Zucchinizylinder wickeln und mit einem Zahnstocher fixieren. Darüber das Schweinsnetz geben, dies verhindert das Austrocknen der Wolfsbarschfilets.
- Die angewärmte Gemüsemasse in die Türmchen füllen und das Ganze mit der indirekten Grillmethode für ca. 12–15 Minuten bei ca. 160–180 °C grillen.

Tipp: Entfernen Sie die Zahnstocher vor dem Servieren.

Grilltemperatur	160–180 °C
Grillzeit	12–15 Minuten
Grillmethode	indirekt

BIO-LACHS-SCHNITTE IM GEMÜSEPÄCKCHEN

Zutaten

2 Gelbe Rüben
2 Karotten
100 g Schalotten
100 g Erbsenschoten
8 Zitronenscheiben
Salz, Zitronenpfeffer
Olivenöl
ca. 200 ml Weißwein
8 Thymianzweige
1 Zitrone
4 entgrätete Lachsfilets à 200 g

Zubereitung

- Lachsfilets mit Salz, Zitronenpfeffer und Olivenöl einreiben und je zwei Thymianzweige darauflegen; das geschälte Gemüse fein nudelig schneiden und vermischen.
- Vier Stück Alufolie vorbereiten (30 x 20 cm), das Gemüse auf die Folien aufteilen, Weißwein darübergießen, marinierte Lachsschnitten daraufsetzen, mit je zwei Zitronenscheiben belegen, die Alufolie verschließen und auf den heißen Grill setzen. Bei 180 °C ca. 15–20 Minuten indirekt grillen.

Tipp: Den Lachs vor dem Grillen mit braunem Zucker bestreuen und fertig mit eingelegten Ingwerscheiben (anstelle des Thymians) belegen. Ergibt einen interessanten süßlich-karamellartigen Geschmack.

Grill**temperatur**	180 °C
Grill**zeit**	ca. 15–20 Minuten
Grill**methode**	indirekt

THUNFISCHSTEAK AM SALZ GEGRILLT

Zutaten

4 Thunfischsteaks à ca. 250 g

Für die Beize

5 EL zerlassene Butter
5 EL Sesamöl
5 EL Balsamico Bianco
2 EL Zitronensaft
1 TL frisch geriebener Ingwer
1 TL fein gehackter Thymian
1 fein gehackte Knoblauchzehe
1 fein gehackte kleine Chili

Zubereitung

- Für die Beize alle Zutaten zusammenmischen, den Thunfisch in 3 cm hohe Steaks schneiden und in der Beize 1 Stunde lang marinieren lassen.
- Barbecue-Gourmetpfanne auf dem Herd auf ca. 180 °C erhitzen, grobes Meersalz hineinstreuen und das Thunfischsteak darin beidseitig kurz scharf anbraten.
- Die Pfanne in den Wassersmoker stellen und die Steaks ca. 8–10 Minuten darin garen – der Kern sollte noch leicht rot sein.

Tipp: Das Steak wird idealerweise auf einem Karotten-Wildkräuter-Salat angerichtet. Dafür Karotten in Scheiben schneiden, im Wok kurz durchschwenken, mit Balsamicoessig, braunem Zucker, Salz und Pfeffer würzen, mit etwas Sesamöl abschmecken. Kurz im Wok bissfest garen, in eine Schüssel leeren, kurz überkühlen und mit Wildkräutern (Rucola) durchmischen.

Wenn einmal etwas übrig bleibt: Thunfisch kalt in dünne Scheiben schneiden, mit etwas Sesamöl oder Wasabipaste servieren.

Grilltemperatur	180 °C
Grillzeit	8–10 Minuten
Grillmethode	im Wassersmoker

BUTTERFLY-GARNELEN

Zutaten

1 kg 8/12er-Garnelen mit Schale
(ca. 24 St., Abtropfgewicht ca. 800 g)
20 g Petersilie
1 Zitrone
40 g Olivenöl
20 g Knoblauch
5 g Salz
frischer Pfeffer aus der Mühle

Zubereitung

• Die Garnelen in der Mitte aufschneiden und wenn vorhanden den dunklen Teil des Darmes entfernen. Beim Durchschneiden konzentriert arbeiten, die Verletzungsgefahr ist dabei sehr groß. Am besten legt man die Garnele auf den Rücken und hält sie mit Daumen und Zeigefinger, sticht mit der Messerspitze knapp unterhalb des Schwanzendes ein, drückt das Messer in einer Wiegebewegung nach unten und schneidet dabei auch die Unterseite der Schale durch. Somit erhält man eine komplett geöffnete Garnele, die am Schwanzende noch zusammengehalten wird.

• Der Vorteil dieser Methode besteht darin, dass man das Garnelenfleisch gut marinieren kann und dass sich beim Grillen die Garnele dekorativ aufstellt und sie so schön angerichtet werden kann. Sie kann aber auch sehr gut als Finger-Food gegessen werden, weil sie sich leicht aus der Schale lösen lässt.

Zubereitung der Marinade

• Die Petersilie fein hacken, den Saft einer Zitrone, das Olivenöl und den Knoblauch, fein gehackt oder gepresst, mit dem Salz vermengen.

• Die Marinade mit einem Silikonpinsel auf die geöffneten Garnelen aufbringen. Die Marinierzeit kann von einer bis zu sechs Stunden gewählt werden, je nach gewünschter Intensität.

• Die Garnele auf der Schalenseite grillen und mit frischem Pfeffer aus der Pfeffermühle würzen. Wenn die Schale rot wird und die Garnele vom glasigen in den weißen Farbton übergeht, wenden und die Fleischseite nur mehr kurz grillen und servieren.

Grilltemperatur	ca. 200–220 °C
Grillzeit	5–6 Minuten
Grillmethode	direkt

RIESENGARNELEN AUF COUSCOUS

Zutaten

100 g neutraler Couscous
200 ml Rindssuppe oder Gemüsefond
20 ml Olivenöl
8 Riesengarnelen
(am besten Rosenberg-Garnelen)
1 Bund Jungzwiebeln
Salz
Saft von einer Zitrone

Zubereitung

- Den Couscous in einer Schüssel mit heißer Rindssuppe übergießen, zugedeckt ca. 20 Minuten quellen lassen, mit Salz, Zitrone und Olivenöl abschmecken.
- Die gewaschenen Jungzwiebeln klein schneiden, daruntermischen und beiseite stellen.
- Den Darm der Garnelen entfernen: Man zieht beim Schwanz unten beim mittleren Glied vorsichtig drehend an und kann so den ganzen Darm herausziehen. Auf diese Weise braucht man die Garnelen nicht aufzuschneiden.
- Den Kugel- oder Gasgrill auf 250 °C erhitzen, den Rost gut einölen, die Garnelen mit der Schale auflegen, auf jeder Seite ca. 4 Minuten bei direkter Hitze grillen, danach ca. 3 Minuten in der Folie rasten lassen.
- Die Schale entfernen und die Garnelen auf dem Couscous servieren.

In der Schale gegrillt, bleibt der Geschmack intensiver und die Garnelen trocknen nicht aus.

Tipp: Bei dieser Methode bleibt der Couscous körnig und locker, mit leichtem Biss, ist sehr angenehm zu essen und kann mit verschiedenen Gemüsearten – je nach Geschmack – serviert werden.

Wenn einmal etwas übrig bleibt: Übrige Garnelen fein hacken, zu Garnelentatar verarbeiten und mit einem Couscous-Nockerl servieren.

Grilltemperatur	250 °C
Grillzeit	ca. 8 Minuten
Grillmethode	direkt

CALAMARI IN CURRYKARFIOL AUS DEM WOK

Zutaten

24 kleine Calamari
4 EL Rapsöl
1 EL Curry madras
500 g Karfiolröschen
1 fein gewürfelter roter Paprika
1 fein gewürfelter grüner Paprika
50 g fein gehackte Petersilie
Salz, Pfeffer
evtl. etwas Chili
Reisessig
200 ml Gemüsefond
100 ml Weißwein
evtl. Sesamöl zum Abschmecken

Equipment

Gusseisen-Wokpfanne
(Wenn man mit einer Gusseisen-Wokpfanne arbeitet und den Deckel geschlossen hat, darf man sich von der Temperatur nicht täuschen lassen, denn die volle Energie und Hitze gehen in das Gusseisen, und am Deckel merkt man nur eine Abstrahltemperatur, die geringer ist, obwohl der Wok bereits sehr heiß ist.)

Zubereitung

• Im Kugelgrill eine Wokpfanne erhitzen. Die heiße Pfanne mit Rapsöl ausfetten, eventuell auch Sesamöl verwenden, die Calamari darin schnell anrösten, herausnehmen, die Karfiolröschen in den Ansatz geben und einige Minuten kurz durchrösten.

• Die fein gewürfelten Paprika kurz mitrösten, mit einem Schuss Reisessig ablöschen, mit dem Weißwein und dem Gemüsefond aufgießen, aufkochen lassen, Salz, Pfeffer und Curry dazugeben und einkochen lassen.

• Die Calamari dazugeben und kurz durchschwenken, mit Petersilie bestreuen und eventuell mit Chili abschmecken.

• Zur geschmacklichen Abrundung kann man das Gericht noch mit Sesamöl übergießen.

Tipps: Als perfekte Beilage bietet sich Basmatireis mit fein geschnittenen Ei-Crêpe-Streifen an (versprudeltes Ei, mit Salz, Pfeffer und Chili gewürzt, in einer Pfanne herausgebacken).
Beim Grillen mit einem Wok ist es ratsam, die Pfanne im Auge zu behalten, da sich Flüssigkeiten schnell einreduzieren und die Gefahr des Anbrennens besteht.

Wenn einmal etwas übrig bleibt: Erkaltet wie einen Salat marinieren und als Vorspeise servieren.

Grilltemperatur	250 °C
Grillzeit	12 Minuten
Grillmethode	direkt im Wok

WALD4TLER GEFLÜGELSTALL
INGWER-HUHN MIT GEMÜSE
IN KOKOSMILCH MARINIERTE JUNGHENDLBRUST
HENDL AM STIEL
OFFENES JOGHURT-HENDL
MIT STEINPILZEN & CHERRYTOMATEN
DOPPELTES DOSENHENDL
ENTENBRUST MIT SCHWARZEM TEE GERÄUCHERT

WALD4TLER GEFLÜGELSTALL

Zutaten

1 Mini-Pute (4 kg)
1 Poularde
(Hendl mit ca. 2 kg)
2 Entenbrüste à 200 g

3 Eier
250 ml Milch
350 g Semmelwürfel
Salz
Pfeffer
Muskat
50 g Butter
1 Zwiebel
Brösel
100 g Walnüsse
150 g Blattspinat

Equipment

Spagat
Kernthermometer
kleines, scharfes Messer
Grillalufolie extrastark
Aluschale

Zubereitung der Füllungen

- Die Eier in der Milch verrühren und die Semmelwürfel damit übergießen, die Masse salzen und pfeffern und mit Muskat würzen.
- Die geschälte Zwiebel kleinwürfelig schneiden, kurz anschwitzen und zu den Semmelwürfeln geben. Ca. 300 g der Semmelfülle zur Seite geben, sie hat die typisch gelbe Farbe.
- Die Walnüsse grob zerkleinern. Den Spinat mit der Butter zu einem Brei pürieren und würzen.
- Die restliche Semmelfülle wird mit dem Spinatbrei und den gehackten Walnüssen vermengt. Sollte die Fülle zu weich werden, kann die Masse durch Zugabe von Semmelbröseln verfestigt werden. So erhält man die grüne Füllung, mit der sich ein schöner farblicher Kontrast zwischen den verschiedenen Geflügelteilen herstellen lässt.

Geflügelvorarbeit

- Die Mini-Pute auf der Bauchseite aufschneiden und komplett auslösen, bis auf den Knochen der Unterkeule, dieser verbleibt im Fleisch.
- Mit der Poularde wird ebenso verfahren, aber diese wird komplett von allen Knochen befreit, die Haut bleibt am Hendl, damit die Fleischteile zusammengehalten werden.
- Bei der Entenbrust wird nur die Haut abgezogen, hier sind ja keinerlei Knochen mehr vorhanden.
- Alle Geflügelteile werden gut gesalzen und mit Pfeffer aus der Mühle gewürzt, nach Belieben kann auch etwas Geflügelgewürz mit Kräuternote verwendet werden.
- Die Pute wird zuerst mit der Hautseite nach unten auf die Arbeitsfläche gelegt und wie ein Buch ausgebreitet. Darauf wird die gelbe Semmelfülle aufgebracht und verteilt.

Grilltemperatur	160 °C
Grillzeit	ca. 3 Stunden
Kerntemperatur	70–72 °C
Grillmethode	indirekt

- Auf diese Füllung wird die Poularde mit der Hautseite nach unten gelegt, sodass die Fleischseite wiederum zum Betrachter zeigt.
- Auf das Hendl wird die erste Entenbrust mittig platziert, darüber wird die Spinatfülle zur Hälfte aufgebracht und verteilt.
- Jetzt wird die zweite Entenbrust wiederum mittig platziert und mit dem Rest der Spinatfülle eingehüllt.
- Beim Zusammennähen ist es ratsam, eine zweite Person als Hilfe zu haben. Die Pute von unten nach oben hochklappen und Hohlräume möglichst vermeiden bzw. mit der Semmelfülle ausgleichen.
- Auf der Oberseite wird die Pute gewissenhaft vernäht, schaden kann es keineswegs, die Pute über dem Bauchraum noch zusätzlich mit Spagat zwei- bis dreimal zu verschnüren, wie bei einem Paket.
- Damit hat man ein tolles, prall gefülltes Geflügelpaket mit den zwei Putenunterkeulen, deren Knochen rustikal auf der Oberseite links und rechts emporragen.
- Den Griller für indirekte Hitze vorbereiten und am besten nicht zu heiß befeuern. Ideal wäre es, auf einer niedrigen Temperatur von ca. 120 °C zu bleiben, aber diese Hitze würde bei diesem Gewicht und Querschnitt zu einer etwa achtstündigen Zubereitungszeit führen. Als kleiner Kompromiss sind ca. 160 °C durchaus akzeptabel.
- Die indirekte Zone des Grillrostes mit einer doppelten Alufolie belegen und diese etwas einölen. In der ersten Grillstunde wird die gefüllte Pute verkehrt, also mit den Unterkeulen nach unten, auf den Grillrost mit Alufolie gegeben. Sollte die Bräunung zu rasch vor sich gehen, kann die Pute mit der Grillfolie auch abgedeckt werden. In den Garraum sollte vor allem für die erste Zeit mittels einer Aluschale etwas Flüssigkeit (Wasser, Wein) gegeben werden.
- Danach wird die Pute vorsichtig gewendet (die Unterkeulen schauen nach oben) und weitere 2 Stunden gegrillt.
- Es empfiehlt sich, mit einem Kernthermometer die Kerntemperatur zu prüfen. Im Inneren, wo sich die Entenbrüste befinden, sollte die Gartemperatur ca. 70–72 °C betragen, sie kann auch etwas darunter liegen.
- Wenn der Geflügelstall fertig gegart ist, in eine Alufolie (glänzende Seite nach innen) zum Rasten einwickeln und einige Baumwolltücher darübergeben.
- Auf jeden Fall gilt: Niedrigere Grilltemperatur und eine längere Grillzeit schützen die Pute vor der Gefahr des Austrocknens. Man kann die Pute auch in Speck wickeln oder mit dem eigenen Bratensaft übergießen, um Feuchte zuzuführen.

Dieses Genuss-Projekt, und um ein solches handelt es sich in der Tat, animiert zu verschiedensten Füllungen, Ausführungen und technischen Zubereitungsarten, bei denen man seiner kulinarischen Kreativität freien Lauf lassen kann.

INGWER-HUHN MIT GEMÜSE

Zutaten

1 grillfertiges Brathuhn
(ca. 1 kg)
Salz
8 Scheiben Ingwer,
ca. 5 mm dick
1 geviertelte Orange
2 Zwiebeln
Sojasauce
150 g Brokkoli
150 g Karotten
150 g Pastinaken
200 g Kartoffeln

Zubereitung

- Das Brathuhn innen salzen, die Ingwerscheiben auf der Brustseite unter die Haut schieben.
- Die Orangenviertel über dem Huhn auspressen, den Saft dabei auch unter die Haut rinnen lassen, das Huhn mit den Orangen und einer halben Zwiebel füllen, außen rundherum mit Sojasauce bestreichen.
- Brokkoli in Röschen teilen, Karotten putzen, in ca. 5 cm lange Stücke schneiden und jeweils halbieren, restliche Zwiebeln achteln, Kartoffeln in Würfel schneiden.
- Das Gemüse außer dem Brokkoli in einer Grilltasse verteilen und salzen, die Grilltasse auf dem Kohlerost zwischen die Kohlekörbe stellen.
- Das Ingwer-Huhn auf dem Grillrost über dem Gemüse platzieren und bei ca. 220 °C indirekt für 30 Minuten grillen. Danach den Grillrost abheben, den Brokkoli hinzugeben und das Gemüse gut umrühren, damit der abgetropfte Saft gut verteilt wird; etwas Sojasauce zufügen. Das Ingwer-Huhn wieder auf den Grillrost setzen, abermals mit Sojasauce bestreichen und ca. 30–45 Minuten fertig grillen.
- Die Gemüsesorten können je nach Geschmack variiert werden: Kohlrabi, Rote Rüben, Kohlsprossen etc. werden schon zu Beginn mitgegrillt, zartere Gemüse wie Zucchini, Kürbis, Karfiol etc. werden später zugefügt.

Grilltemperatur	220 °C
Grillzeit	ca. 70 Minuten
Grillmethode	indirekt

IN KOKOSMILCH MARINIERTE
JUNGHENDLBRUST MIT GEMÜSESALSA

Zutaten

2 Hühnerbrüste à ca. 150 g
4 Scheiben Ciabatta
125 ml Kokosmilch
Salz
Cayennepfeffer

Für die Salsa

4 Frühlingszwiebeln
1 kleine rote Chili
4 Tomaten
1 Avocado
1 roter Paprika
1 EL Knoblauch
Salz, Pfeffer, Zucker
TABASCO® Brand Pepper Sauce
Rotweinessig
1 fein gehackte Petersilie
100 ml Olivenöl

Zubereitung Salsa

● Paprika, Chili und Avocado würfeln. Die Tomaten schälen, entkernen und würfeln und alle Zutaten für die Salsa zusammenmischen.

Zubereitung Junghendlbrust

● Die Haut von den Hühnerbrüsten abziehen und mit Salz und Cayennepfeffer einreiben, danach in Kokosmilch eine halbe bis ganze Stunde einlegen.
● Die Hühnerbrüste herausnehmen, trocken tupfen und beidseitig scharf angrillen. Indirekt bei 180–200 °C ca. 12 Minuten fertig grillen.
● Vor dem Anrichten Ciabatta mit Olivenöl bestreichen und kurz antoasten.
● Die Hendlbrüste längs in dünne Streifen schneiden, auf das Brot setzen und mit der Salsa ausgarnieren.

Tipp: Salsa kann man auch in einer Grillpfanne leicht anschwitzen und mit Olivenöl und Gewürzen abschmecken.

Wenn einmal etwas übrig bleibt: Hendlsalat mit Joghurt-Dressing und frischem Gemüse servieren.

Grilltemperatur	180–200 °C
Grillzeit	ca. 12 Minuten
Grillmethode	direkt und indirekt

HENDL AM STIEL

Zutaten

16 Hendlunterkeulen

Für die Marinade

1 TL Knoblauchpulver
1 Bio-Zitrone
2 EL Ahornsirup
150 ml süße Chilisauce
100 ml Original
Mississippi Barbecue-Sauce

Zubereitung

- Von der Hälfte der Bio-Zitrone mit dem Zestenreißer die Schale für die Marinade abheben, die ganze Zitrone auspressen.
- Alle Zutaten miteinander vermengen und etwas einköcheln lassen, bis die Marinade eine schöne Konsistenz hat.

- Von den Hendlunterkeulen die Haut abziehen und mit einem scharfen, kleinen Messer auf der Knochenseite die Haut abtrennen. Nun die Sehnenansätze vom Hendlfleisch abschneiden und mit den Fingern das Hendlfleisch nach unten stülpen, bis eine Hendlfleischkugel entsteht. Man kann auch mit dem Messerrücken nachhelfen.
- Die Stielhenderl mit der Marinade einpinseln und einige Stunden marinieren.
- Den Griller auf eine Temperatur von ca. 160 °C aufheizen und die Hendl aufgestellt für ca. 25–30 Minuten indirekt grillen.
- Während des Grillens sollten die Stielhenderl zweimal mit der Marinade bepinselt werden. So erhält man eine schöne, glänzende Optik und einen tollen Geschmack.

Tipp: Wenn ein Gasgrill mit einer Wärmeschiene aus Nirostastäben zur Verfügung steht, kann man die Hendl am Knochenstiel zwischen den Nirostastäben einhängen und es bleibt die komplette Grillfläche frei für andere Gerichte oder für Beilagen.

Grilltemperatur	ca. 160 °C
Grillzeit	ca. 25–30 Minuten
Grillmethode	indirekt

OFFENES JOGHURT-HENDL
MIT STEINPILZEN & CHERRYTOMATEN

Zutaten

2 Poularden
(oder frische Grillhendln mit je ca. 2 kg)
200 g Steinpilze
16 Cherrytomaten
4 Rosmarinzweige
Salz, Pfeffer
200 ml Joghurt
Saft einer Zitrone
gemahlener Ingwer
etwas Paprikapulver
100 g blättrig geschnittene
Schalotten
Olivenöl

Zubereitung

- Am Vortag die Poularden vom Knochen lösen, mit Salz, Pfeffer, Ingwer und Paprika rundherum gut einreiben, mit Joghurt gut einstreichen und zugedeckt im Kühlschrank 12 Stunden marinieren.
- Die Hendln mit der Haut nach unten auflegen. Die geputzten Steinpilze blättrig schneiden, mit den Schalotten kurz sautieren, auf die Hühner verteilen und Rosmarinzweige und Cherrytomaten darauflegen.
- Den Grill aufheizen und die Hühner indirekt bei ca. 160 °C grillen. Falls sie zu Beginn zu schnell dunkel werden, mit Alufolie abdecken. Während des Grillens mit Olivenöl beträufeln, damit die Hendln schön saftig bleiben.

Tipp: Die letzten 10 Minuten die Temperatur auf 220 °C erhöhen, damit die Haut schön knusprig wird – Vorsicht, dass sie nicht verbrennt.

Wenn einmal etwas übrig bleibt: Joghurt-Hendl schmeckt sehr gut als kalte Jause oder man verarbeitet den Rest zu Geflügelsalat.

Grilltemperatur	160 °C / 220 °C
Grillzeit	35–45 Minuten
Kerntemperatur	72–78 °C
Grillmethode	indirekt

DOPPELTES DOSENHENDL

Zutaten

1 grillfertiges Hendl, ca. 1,10 kg
1 Dosenbier, 0,33 l
1 Orange
2 Rosmarinzweige
2 cl Balsamicoessig (Aceto balsamico)
Adi Matzeks Geflügel-Grillgewürz
oder alternativ Salz und Pfeffer,
mit etwas Paprika vermischt

Equipment

10-l-Lebensmittelblechdose
Anzündkamin
Grillkohlebriketts

Zubereitung

- Mit einem Anzündkamin ca. 2½ kg Holzkohlebriketts zum Glühen bringen.
- Das Hendl außen und innen gut würzen.
- Das Dosenbier zu zwei Drittel austrinken und den Saft der Orange und den Balsamicoessig einfüllen. Durch die Dosenöffnung die beiden Rosmarinzweige stecken und das Hendl auf die Bierdose aufsetzen, sodass die Keulen es unten abstützen und die Flügerl oben sind.
- Wichtig ist, jetzt mit der überstehenden Haut des Hendls die obere Öffnung mithilfe eines Zahnstochers zu verschließen. Tut man dies nicht, entweicht die verdampfende Flüssigkeit der Dose, die ja das Fleisch des Hendls aromatisieren soll.
- Nun das Hendl auf eine ebene Fläche stellen, ideal ist ein Stein wie z. B. eine alte Granitplatte, und eine entleerte 10-l-Gurkendose oder Ähnliches darüberstülpen. Dann kann man mit dem Befeuern beginnen: Auf die Dose kommen ca. 10–12 Briketts und unten am Dosenrand anliegend platziert man rundherum den Rest der Kohle (es sollten mindestens 20 Kohlebriketts sein).
- Nach 1½ Stunden hat man ein herrlich knuspriges Henderl.

Tipp: Die entleerte Gurkendose sollte man vor Gebrauch mit einigen Kohlen einmal ausheizen, damit sich der innere Belag lösen kann, oder man kleidet die Dose mit einer Alufolie aus, dann hat man einen optimalen Recyclinggrill.
Wenn man die Hitze in der Dose kontrollieren möchte, sticht man oben ein Loch, und durch diese Öffnung kann man ein Grillthermometer platzieren und die Temperatur ablesen.

Grilltemperatur	ca. 180 °C
Grillzeit	1½ Stunden
Grillmethode	indirekt

ENTENBRUST MIT SCHWARZEM TEE GERÄUCHERT

Zutaten

2 TL Gewürzpulver
2 TL Knoblauchgranulat
1 TL grobes Meersalz
4 Entenbrustfilets à 200 g
12 Cherrytomaten
4 Thymianzweige
30 g Schwarzteepulver oder -blätter
100 g roher Reis
30 g brauner Zucker

Zubereitung

- Gewürze zusammenmischen und die Entenbrüste mit dem Gewürz einreiben, in Alufolie einschlagen und ca. 4 Stunden rasten lassen.
- Aus einer Alufolie einen Beutel formen und 100 g Reis einfüllen, ca. 30 g Schwarzteepulver oder fein gehackte Schwarzteeblätter und braunen Zucker unter den Reis mischen und den Beutel direkt auf die Glut oder auf den Gasgrill geben, bis es zu rauchen beginnt.
- Eine flache Weber-Pfanne auf den Grillrost stellen, etwas Sesamöl eingießen und die Entenbrustfilets mit der Haut zuerst anbraten, Cherrytomaten und Thymian dazugeben. Nach dem Anbraten die Ente an den Rand des Rosts legen und zugedeckt ca. 8–12 Minuten bei geschlossenem Deckel weitergrillen.
- Die Entenbrust in Alufolie einschlagen und ca. 5 Minuten rasten lassen.

Tipp: Die Entenbrust mit Wildkräuter- oder Rucolasalat anrichten. Zwei bis drei fertig gegrillte Entenbrüste kann man auf einmal in Alufolie einschlagen, mehr als drei Stück sollte man aufteilen, da sonst zu viel Restwärme bleibt und die Ente zu stark durchzieht.

Wenn einmal etwas übrig bleibt: Entenbrust kann man kalt in dünne Scheiben schneiden, die restlichen Tomaten mit Salz, Pfeffer, etwas Olivenöl und einem Schuss Balsamicoessig im Mixer aufmixen und zur kalten Entenbrust als Dip-Sauce reichen.

Grilltemperatur	200 °C
Grillzeit	ca. 8–12 Minuten
Kerntemperatur	56–62 °C (der Kern sollte unbedingt leicht rosa sein)
Grillmethode	direkt angrillen, dann indirekt fertig grillen

SPEZIALKOTELETTS
MIT HERBSTLICHEM GRILLGEMÜSE
K. U. K. KISTEN-KRUSTEN-KNUSPERBRATEN
GRILLSTELZE MIT SENF UND KREN
PULLED PORK
GEROLLTER SCHWEINEBAUCH AM SPIESS
GEFÜLLTER SPANFERKELBAUCH
KRÄUTERSCHOPFBRATEN
SCHOPFBRATENSTEAK FÜR VIER
SCHLÖGEL VOM MANGALITZA-SCHWEIN
SCHWEINEFILET-DUETT – HAUSSCHWEIN/WILDSCHWEIN
SCHWEINSLUNGENBRATEN IM KOHLBLATT
THE FLYING ANANAS RIBS

SPEZIALKOTELETTS
MIT HERBSTLICHEM GRILLGEMÜSE

Zutaten

4 Kurze Karrees à 150 g, mit Fettrand, ohne Knochen und ohne Schwarte (die Karrees sollten ca. 1 Woche gereift sein und zumindest 2,5 cm dick geschnitten sein)
Salz aus der Mühle
Pfeffer aus der Mühle
Alternativ Adi Matzeks Kotelett-Grillgewürz – für alle, die es gerne kräftiger haben

Zubereitung

- Die Spezialkoteletts aufstellen und den edlen Speckrand der Länge nach einmal einschneiden. Danach die Koteletts auf ein Brett legen und das Fettgewebe alle halben Zentimeter einschneiden.
- Die Spezialkoteletts beidseitig gut würzen, eine leichte Prise Salz auf den eingeschnittenen Speckrand geben.
- Die Koteletts mit dem Speckrand zuerst angrillen, dabei nimmt man am besten einen Bratenkorb oder einen Spareribs-Halter zu Hilfe und lehnt die aufgestellten Koteletts daran an.
- Es genügt auch, mit der Grillzange die Spezialkoteletts aufrecht zu halten.
- Wenn der edle Speckrand gebräunt ist, können die Koteletts umgelegt und für 4 Minuten pro Seite gegrillt werden. Ideal ist es, die Koteletts nach 2 Minuten leicht zu drehen und neu zu platzieren, damit man eine schöne Kreuzmarkierung erhält.
- Nach der Grillphase die Spezialkoteletts, in eine Alufolie (glänzende Seite nach innen) gewickelt, einige Minuten rasten lassen. Den Saft, der sich in der Folie ansammelt, ebenfalls servieren.

Tipp: Bestellen Sie diese großartigen Spezialkoteletts rechtzeitig beim Fleischermeister Ihres Vertrauens, damit er Ihnen optimale Qualität liefern kann und das Fleisch auch noch Zeit zum Abhängen hat.

HERBSTLICHES GRILLGEMÜSE

Zutaten

1/2 in Röschen geschnittener Karfiol
250 g halbierte Kohlsprossen
200 g Cocktailtomaten
30 g würfelig geschnittener Speck
15 g Parmesan
1 EL Olivenöl
Salz

Zubereitung

- Alle Zutaten in eine Grilltasse geben und gut miteinander vermengen.
- Im Grill bei ca. 230 °C indirekt 15 Minuten grillen. Gemüse gut umrühren, sodass der entstandene Gemüsesaft gut verteilt wird, und weitere 15 Minuten indirekt grillen.
- Gemüsepfanne aus dem Grill nehmen, abermals umrühren, einige Minuten rasten lassen und servieren.

Grilltemperatur	ca. 220 °C
Grillzeit	ca. 8 Minuten
Grillmethode	direkt

Grilltemperatur	230 °C
Grillzeit	30 Minuten
Grillmethode	indirekt

K. U. K. KISTEN-KRUSTEN-KNUSPERBRATEN

Zutaten

2 kg Bauchfleisch mit Knochen, wie gewachsen, gepökelt (gesurt) (beim Fleischermeister bestellen)

Equipment

*Kistensaugerät (siehe S. 14)
Abfallholz*

Zubereitung

- In die Kiste je nach Größe Wasser einfüllen. Den Deckel schließen und darauf ein gleichmäßiges Lagerfeuer entzünden.
- Die Schwarte des Bauchfleisches mit einem scharfen Messer einschneiden („schröpfen") oder das Bauchfleisch bereits so vorbereitet bestellen.
- Nach dem Aufheizen der Kiste kann das Bauchfleisch auf den Grillrost gelegt werden, zuerst für ca. 1 Stunde mit der Schwartenseite nach unten.
- Nach einer Stunde wird der Braten gewendet.
- Gleichzeitig wird die ganze Garzeit über ein Feuer auf dem Kistendeckel unterhalten.
- Nach ca. 3 Stunden den Gargrad und die Kruste des Knusperbratens überprüfen und falls gewünscht die Garzeit noch verlängern.

Tipp: Es ist zu empfehlen, etwas mehr Fleisch zu nehmen, denn in den Genuss einer derartig feinen Kruste wird man selten kommen, und die Erfahrung zeigt, dass mehr gegessen wird als üblich, also absolute Suchtgefahr besteht.
Wenn Sie andere Fleischteile vom Schwein bevorzugen, nehmen Sie trotzdem immer die Fleischteile mit Schwarte, Sie können diese als Schweinernes „Jung" bei Ihrem Fleischermeister bestellen.

Grilltemperatur	nicht messbar
Grillzeit	ca. 3–4 Stunden
Grillmethode	indirekte Oberhitze

GRILLSTELZE MIT SENF UND KREN

Zutaten

1 hintere Stelze, 1 1/2–2 kg
Salz, Pfeffer
Knoblauch
100 ml Rosmarinöl
2 Rosmarinzweige
2 Karotten
1 Gelbe Rübe
1 Zwiebel
1/8 Sellerie
2 Lorbeerblätter
Pfefferkörner

Schopfbraten-Rub (siehe S. 32)

Zubereitung

- Bei der Stelze gibt es mehrere Möglichkeiten, um beim Grillen ans Ziel zu kommen. So kann man die Stelze mit einem Ausbeinmesser am Knochen auf einer Seite von oben nach unten einschneiden. Dort frisch zerdrückte Knoblauchzehen und Rosmarinzweige hineinstecken. Rosmarinöl auf 30 °C erhitzen, das Öl mit einer Einwegspritze aufziehen und es gleichmäßig an mehreren Stellen in die Stelze einspritzen.
- Als Nächstes reichlich Wasser aufkochen, das gewürfelte Gemüse und die Gewürze dazugeben, kräftig abschmecken, die Stelze in den Sud einlegen und sie darin 12 Stunden kalt gestellt ziehen lassen.
- Danach die Stelze herausnehmen und sie eher grob schröpfen, damit die Schwarte beim Grillen nicht abfällt.
- Den Griller auf ca. 170 °C vorheizen, die Stelze indirekt ca. 2–2½ Stunden grillen; um die Feuchtigkeit im Garraum zu erhöhen, eine Alutasse mit Wasser unterstellen. Die Stelze auf ca. 78 °C Kerntemperatur fertig grillen. Der Knochen sollte sich leicht rauslösen lassen. Immer wieder übergießen und am Schluss die Hitze erhöhen, damit die Schwarte schön knusprig wird (siehe auch den AMA-Tipp beim Gefüllten Spanferkelbauch S. 130).

Grilltemperatur	170 °C
Grillzeit	2–2½ Stunden
Kerntemperatur	78 °C
Grillmethode	indirekt

PULLED PORK

Eine Grillspezialität von Adi Bittermann

Zutaten

*3–4 kg gut durchzogener Schopfbraten
(reicht für ca. 10 Personen)
Schopfbraten-Rub (siehe S. 32)*

Equipment

*Wassersmoker
Anzündkamin
große Grillschaufel
Grillhandschuhe
Kerntemperaturmesser*

MEINE LIEBLINGSMARINADE

Zutaten

*100 ml Ketchup
2 fein gehackte Zwiebeln
100 ml Rotweinessig
2 zerdrückte Knoblauchzehen
2 EL Senf
2 EL brauner Zucker
1 TL Tabasco*

Zubereitung

- Alles gemeinsam aufkochen und ca. 15 Minuten auf kleiner Flamme köcheln lassen. Mehr und ausführliche Grilltipps für und mit dem Wassersmoker findet man in der Zeitschrift „Grillzeit 3/2011".

Wenn einmal etwas übrig bleibt:
Das gezupfte Fleisch lässt sich vakuumiert gut einfrieren. Das Pulled Pork ist eine perfekte Fülle für Fleischpalatschinken.

Zubereitung

Pulled Pork ist für viele die Königsdisziplin des Barbecue. Seine Zubereitung wird zelebriert und der Geschmack begeistert selbst die größten Kritiker. Ein Pulled-Pork-Barbecue kann 14–20 Stunden in Anspruch nehmen, die Zubereitung ist aber denkbar einfach. Hier nun meine ausführliche Anleitung für Pulled Pork.

Der Name Pulled Pork kommt vom englischen „to pull" (= ziehen). Das Fleisch wird aufgrund der langen Garzeit bei niedriger Temperatur und der hohen Kerntemperatur von 95 °C so zart, dass man es mit der Gabel ohne Kraftanstrengung auseinanderziehen kann. Es zergeht buchstäblich auf der Zunge.

Zum Fleisch: Es wird viel gestritten und philosophiert, welches Stück Fleisch denn das beste für die Zubereitung eines Pulled Pork sei. Die Geister scheiden sich an der Frage Schulter oder Schopfbraten. Bestens geeignet ist sicher der Schopfbraten. Dieser ist in der Regel beim Fleischermeister Ihres Vertrauens einfach und ohne Vorbestellung zu bekommen. Wichtig ist nur, ein fettes Stück Fleisch zu nehmen, das schön marmoriert ist.

Das Fett wird während der langen Garzeit beinahe vollständig austropfen, dabei kommt es zu einem Gewichtsverlust von weit über 30 %. Deshalb ist es äußerst wichtig, unter das Pulled Pork eine ausreichend große Tropfschale zu stellen.

Das Fleisch bleibt innen relativ geschmacksneutral. Zum Schluss wird es zerkleinert und vermischt. Dadurch vermengt sich die Kruste mit dem Inneren und der Geschmack verteilt sich im ganzen Fleisch.

Grilltemperatur	105–110 °C
Grillzeit	14–20 Stunden
Kerntemperatur	95 °C
Marinierzeit	mit dem Rub marinieren, 24 Stunden in Klarsichtfolie gewickelt durchziehen lassen
Grillmethode	indirekt; bevorzugt im Wassersmoker (langsam smoken)

Deshalb ist es wichtig, eine maximale Menge an Rub auf das Pulled Pork zu geben. Das geht am besten, wenn man das Grillgut zuerst mit Senf bestreicht und dann so viel Rub wie nur möglich darauf verteilt. Das Grillgut soll außen vor lauter Rub trocken sein. Zum Schluss den Rub noch fest andrücken. Anschließend in eine Klarsichtfolie wickeln und rasten lassen.

- Wassersmoker vorbereiten: 3 kg Briketts in den Kohlekorb des Wassersmokers kranzförmig einfüllen, sodass in der Mitte ein freier Platz bleibt. In einem Anzündkamin ein weiteres Kilo Briketts anglühen und dann in die Mitte des Kohlekorbes füllen. Mit ein, zwei Buchen- oder Eichenholzscheiten bekommt man einen schönen Rauchton. Das Rauchholz sollte gut abgelagert und trocken sein, so gibt es einen angenehm duftenden Rauch. Achtung – meine Devise lautet: Weniger ist mehr. Da nur rohes Fleisch das Raucharoma aufnehmen kann, sollte man nur zu Beginn ein, zwei Holzscheite auflegen. Wenn man während des ganzen Garvorganges Rauch zusetzt, erhält man ein schwarzes Pulled Pork mit bitterem Geschmack. Die Wasserschale sollte vollgefüllt sein, mit dem Schieberegler kann man die Temperatur und die Luftzufuhr steuern.
- Das Pulled Pork auf den eingeölten Rost auflegen, Kerntemperaturfühler einstecken, Deckel schließen, und es kann losgehen. Die Temperatur geht in den ersten Stunden relativ rasch hinauf, bis die 1. Plateauphase erreicht ist. Diese liegt bei 65–70 °C.

Plateau-Phase: In der Plateau-Phase werden kollagenhältige Bindegewebsteile (sehnenreiche Teile) in Gelatine umgewandelt und verflüssigen sich. Dieser Vorgang macht das Fleisch sehr zart und saftig, wie man es sonst nicht kennt. Bei dieser Umwandlung wird im Fleisch viel Energie verbraucht und auch Kälte freigesetzt, dadurch steigt die Kerntemperatur nicht weiter. Die Flüssigkeit verteilt sich dabei im ganzen Fleisch und macht es so zart, wie man es sonst nicht kennt. Dieser Vorgang verbraucht viel Energie und die Kerntemperatur steigt nicht weiter an bzw. sie kann sogar um mehrere Grad fallen. Hier gilt es die Nerven zu bewahren! Eine Plateau-Phase kann bis zu 4 Stunden dauern! Je länger eine Plateau-Phase anhält, desto besser vollzieht sich der Wandlungsprozess und desto besser wird das Fleisch. In dieser Phase darf auf keinen Fall die Temperatur erhöht werden, denn wenn man z. B. die Grilltemperatur auf über 130 °C anhebt, wird das Fleisch hart und zäh und man bringt sich um die Chance auf ein wunderbar weiches, zartes Pulled Pork.

- Nach der 1. Plateau-Phase kann man beginnen, das Fleisch zu moppen. Ich empfehle dafür eine Sprühflasche, damit das Grillgut rasch besprüht wird und der Hitzeverlust nicht zu groß ist.
- Die 2. Plateau-Phase ist bei 78–82 °C. Während der ganzen Smokezeit immer wieder darauf achten, dass die Hitze hält und bei Bedarf heiße Briketts nachlegen.
- Bei Erreichen der Kerntemperatur von 95 Grad ist das Pulled Pork fertig. Das Fleisch in Alufolie gewickelt eine halbe bis eine Stunde rasten lassen. Nun können alle Zutaten für das Pulled Pork vorbereitet werden. Semmeln oder Brot herrichten, Zwiebeln und Kraut fein schneiden, Marinade zubereiten.
- Nach dem Rasten das Fleisch mit zwei Gabeln oder den Händen zerzupfen, mit der warmen Marinade marinieren, Zwiebel und Kraut auf die Semmeln oder das Brot geben, das marinierte Pulled Pork daraufsetzen und servieren.

Tipp: Statt Wasser kann man auch Sand oder Kiesel in die Schale füllen, dadurch wird die Temperatur konstanter gehalten, man erhält aber keine zusätzliche Feuchtigkeit. Mit 5 kg Briketts kommt man ca. 8–10 Stunden aus – hängt von der Außentemperatur ab.

GEROLLTER SCHWEINEBAUCH
AM SPIESS MIT GEGRILLTEN KARTOFFELN

Für dieses Rezept eignet sich am besten ein Grillgerät mit rückwärtigem Brenner und elektrischem Spieß.

Zutaten

1 1/2–2 kg Schweinebauch ohne Knochen
Salz, Pfeffer
12 Speckscheiben
150 g Kräutermischung
(je nach Geschmack und Vorlieben)
1 kg kleine feste Kartoffeln

Equipment

Küchenspagat

Zubereitung

- Das Bauchfleisch in der Mitte einmal der Länge nach einschneiden, aufklappen, mit Salz, Pfeffer und Kräutermischung innen kräftig bestreichen und Speckscheiben darin auflegen; eng zusammenrollen, sodass sich die Schwarte an der Außenseite befindet. Außen auch mit Salz und Pfeffer würzen und mit Spagat fest zusammenbinden.
- Das Bauchfleisch auf einen Drehspieß stecken, in den Grill setzen, den Drehspieß einschalten und für das abtropfende Fett zwei Alutassen in den Grill stellen. Da hinein kann man die gewaschenen Kartoffeln legen, die so gleich mitgegrillt werden. Das vom Spieß heruntertropfende Fett gibt den Kartoffeln einen volleren Geschmack, und gleichzeitig wird der Grill vor Verschmutzung geschützt.
- Nach ca. 1 Stunde sind die Kartoffeln fertig und man kann sie aus dem Grill nehmen (vor Ende der Grillzeit zum Wärmen nochmals hineinstellen).

Tipp: Während des Grillens kann man den Bauchspieß öfters mit Kräuteröl moppen (einstreichen) und dadurch einen intensiven Kräutergeschmack erzielen.

Dazu passt: Pfefferonisenf von Mautner Markhof.

Wenn einmal etwas übrig bleibt: Den kalten Schweinebauch als Jause dünn aufschneiden und mit Senf und Kren servieren.

Grilltemperatur	160–180 °C
Grillzeit	ca. 2–2½ Stunden
Kerntemperatur	ca. 78 °C
Grillmethode	indirekt

GEFÜLLTER SPANFERKELBAUCH
MIT RAHMIGEM KRAUT

Zutaten

2 kg Jungschweinbrust
(vom Fleischhauer untergriffen)
Salz, Pfeffer
100 g Knoblauchgranulat
300 g Bratwurstbrät (vom Fleischhauer
   des Vertrauens)
100 g gewürfelter Schinken
100 g gewürfelter Speck
100 g fein gehackte geröstete
Kürbiskerne

Zubereitung

- In das Brät Schinken, Speck und Kürbiskerne untermischen. Die Jungschweinbrust innen mit Salz, Pfeffer und Knoblauch würzen, das Brät hineinfüllen und die Bauchtasche zunähen.
- In einen großen Topf 3 cm hoch Wasser füllen und zum Kochen bringen, die Jungschweinbrust mit der Schwarte nach unten ankochen, danach wenden und die Schwarte schröpfen (einschneiden). Mit Salz und Öl einpinseln und im vorgeheizten Griller bei ca. 160 °C indirekt 2½–3 Stunden grillen.

Tipp: Während der Grillzeit den Braten mit flüssigem Schmalz und einer Salz-Knoblauch-Mischung einpinseln, damit er schön saftig bleibt. Die Kerntemperatur liegt bei 78 °C. Wenn bei der Nadelprobe der Saft klar und rasch austritt, ist die Jungschweinbrust fertig. Die Schwarte wird noch knuspriger, wenn die Hitze die letzten 10–15 Minuten noch erhöht wird.

AMA-Tipp: Wer eine Heißluftpistole im Schrank hat, der hat für sie jetzt endlich eine lohnende Verwendung: Wenn die Schwarte gegen Ende der Garzeit noch immer nicht so richtig knusprig ist, hilft geballte Heißluft. Dadurch geht die Haut auf wie Popcorn, was eine richtig luftige, knusprige Schwarte ergibt.

RAHMIGES KRAUT

Zutaten

1 fein geschnittener Weißkrautkopf
2 in feine Ringe geschnittene Zwiebeln
Schuss Essig
300 ml Gemüsefond
   oder Rindssuppe
Salz, Pfeffer,
2 Lorbeerblätter
1 TL ganzer Kümmel
etwas Öl zum Anschwitzen
100 ml Crème fraîche

Zubereitung

- Das Kraut im heißen Wok anschwitzen, kurz dämpfen, bis es zusammenfällt. Die Zwiebelringe kurz mitrösten, mit einem Schuss Essig ablöschen, würzen, mit Gemüsefond aufgießen und zugedeckt ca. 15 Minuten köcheln lassen.
- Danach mit Crème fraîche und Salz abschmecken.

Grilltemperatur	160 °C
Grillzeit	2½–3 Stunden
Kerntemperatur	78 °C
Grillmethode	indirekt

KRÄUTERSCHOPFBRATEN

Zutaten

1 1/2 kg gepökelter (gesurter) Schweineschopfbraten
100 g Frischkäse mit Kräutern

Equipment

Dressiersack

Zubereitung

- Beim Schweineschopf mit einem schlanken, eher spitzen Messer ca. 2 cm breite Taschen schräg von oben nach unten einschneiden. Am besten und auch optisch ansprechend ist es, auf der Breitseite des Schopfstückes jeweils zwei Einschnitte nebeneinander zu setzen.
- Den Frischkäse mit dem Dressiersack in die Taschen füllen.
- Wenn alle Taschen gut gefüllt sind, den Schopfbraten im Griller bei indirekter Methode zubereiten. Die optimale Temperatur ist 180–200 °C, die Zubereitungszeit liegt bei ca. 2–2¼ Stunden. Die Kerntemperatur sollte ca. 85 °C betragen.

Grilltemperatur	180–200 °C
Grillzeit	ca. 2–2¼ Stunden
Kerntemperatur	ca. 85 °C
Grillmethode	indirekt

SCHOPFBRATENSTEAK FÜR VIER

KARTOFFELN „MAL ANDERS"

Zutaten

1 kg Schopfbraten
Schopfbratenrub (siehe S. 32)
Olivenöl
Rosmarin- und
    Thymianzweige
nach Belieben

Zutaten

4 festkochende Kartoffeln
4 EL Olivenöl
1 Bund Jungzwiebeln
100 g geriebener Goudakäse
4 Scheiben Speck
Salz, Pfeffer
200 ml Sauerrahm

Zubereitung

- Den Schopfbraten „aufstellen", auf 4–5 cm plattieren und mit dem Rub großzügig rundherum einreiben. Im vorgeheizten Grill bei 220 °C 2 Minuten scharf direkt angrillen, das Schopfbratensteak um 45 Grad drehen und wieder 2 Minuten grillen, damit ein schönes Grillmuster entsteht.
- Anschließend das Steak wenden und wieder wie zuvor je 2 Minuten weitergrillen.
- Danach auf den Rand des Grills legen.
- Das Schopfbratensteak mit Olivenöl einstreichen, mit Rosmarin- und Thymianzweigen belegen und indirekt ca. 20–22 Minuten fertig grillen.

Zubereitung

- Die Kartoffeln waschen und ungeschält in Salzwasser bissfest kochen, ausgekühlt längs halbieren und mit einem kleinen Löffel aushöhlen, sodass noch ein paar Millimeter Rand übrig bleiben.
- Die ausgehöhlten Kartoffeln mit Olivenöl einpinseln, die Jungzwiebeln und den Speck fein schneiden. Die Kartoffelmasse mit einer Gabel zerdrücken, die Jungzwiebeln, den Speck, etwas Sauerrahm und den Gouda daruntermischen, salzen, pfeffern, in die Kartoffeln füllen und bei 180 °C ca. 25–30 Minuten indirekt grillen.
- Nach dem Grillen die Kartoffeln mit dem restlichen Sauerrahm garnieren.

Grilltemperatur	220 °C
Grillzeit	ca. 30 Minuten
Kerntemperatur	65 °C
Grillmethode	direkt und indirekt

Grilltemperatur	180 °C
Grillzeit	ca. 25–30 Minuten
Grillmethode	indirekt

SCHLÖGEL VOM MANGALITZA-SCHWEIN VOM WASSERSMOKER MIT KARTOFFEL-TORTILLA

Zutaten

1 Stück vom Schlögel des
Mangalitza-Schweines, ca. 2 kg
Magic Dust Rub (siehe S. 32)

Zubereitung

- Das Stück vom Schlögel mit dem Rub kräftig einreiben, in Klarsichtfolie mindestens 4–5 Stunden marinieren, es können aber auch 24 Stunden sein.
- Auf dem heißen Wassersmoker den Schlögel am obersten Rost indirekt grillen.

Tipp: Der Wassersmoker funktioniert nach einem einfachen, aber sehr effektiven Prinzip. Am Kohlerost ganz unten wird die Holzkohle (Briketts) platziert, oberhalb befindet sich eine Wasserpfanne und auf den Ebenen darüber liegt das Grillgut. Je weiter oben man den Grillrost platziert, desto niedriger ist die Gartemperatur. Während des Garvorganges bildet sich Wasserdampf, der nach oben steigt und das Grillgut umgibt. Er sorgt einerseits dafür, dass das Grillgut schön saftig bleibt, und ermöglicht andererseits ein tiefes Eindringen der Raucharomen, wenn Räucherspäne oder besser noch Holzchips oder Holzstücke auf die glühenden Kohlen gelegt werden. Diese Räucheraromen sind daher deutlich intensiver, als sie mit einem normalen Grill mit Deckel zu erzielen sind. Ein weiterer Vorteil besteht darin, dass mageres Fleisch nicht trocken wird und dass man statt mit Wasser auch mit aromatischen Flüssigkeiten (Bier, Wein, Gewürzreduktionen) arbeiten kann. Oder man gibt Kieselsteine in den Behälter, diese speichern die Hitze und halten länger die Wärme, welche dann über einen größeren Zeitraum abgegeben wird (z. B. für Pulled Pork).

Wenn einmal etwas übrig bleibt: Da das Fleisch des Mangalitza-Schweines einen hohen Fettanteil hat, kann man mit Resten einen Brotaufstrich zubereiten, welchen man mit Schwarzbrot und Knoblauch serviert (Knoblauchbrot).

KARTOFFEL-TORTILLA

Zutaten

40 ml Olivenöl
400 g Kartoffeln (mit Schale gekocht)
150 g geschälte Zwiebeln
15 g fein gewürfelter Knoblauch
150 g roter Paprika
4 Eier (Größe L)
20 g fein geschnittene Petersilie
Salz, Pfeffer und Muskat

Zubereitung

- Kartoffeln schälen und in Würfel von ca. 1 cm Kantenlänge schneiden. Zwiebeln in Streifen schneiden. Paprika vom Kerngehäuse befreien und in Würfel von 0,5 cm Kantenlänge schneiden.
- Grill für direktes Grillen bei mittlerer Hitze vorbereiten. Eine Weber® Style™ Grillform zum Aufheizen in den Grill stellen und den Deckel schließen.
- Eier in eine Schüssel geben und kräftig mit Salz, Pfeffer und Muskat würzen. Mit dem Schneebesen oder Mixstab schaumig aufschlagen und Petersilie beifügen.
- Das Olivenöl in die heiße Grillform geben und erhitzen. Kartoffelwürfel beifügen und im Olivenöl bei geschlossenem Deckel so lange anbraten, bis sie etwas Farbe angenommen haben. Zwiebeln, Knoblauch und Paprika hinzufügen und ebenfalls anbraten. Die schaumig geschlagenen Eier über dem gebratenen Gemüse verteilen, eventuell umrühren. Den Deckel des Grills schließen und so lange grillen, bis das Ei gestockt ist.

Grilltemperatur	120 °C (Wassersmoker)
Grillzeit	ca. 2½ Stunden
Kerntemperatur	ca. 68 °C
Grillmethode	indirekt im Wassersmoker

SCHWEINEFILET-DUETT – HAUSSCHWEIN TRIFFT WILDSCHWEIN

Zutaten

2 Schweinefilets zu je ca. 500 g
1 Wildschweinfilet
1 Schweinsnetz
(vom Fleischermeister zu beziehen)
Salz aus der Mühle
Pfeffer aus der Mühle
Adi Matzeks Kotelett-Grillgewürz
oder eine alternative Würzung
für helles Fleisch

Zubereitung

● Bereits am Vortag das Wildschweinfilet von allen Sehnen und Fettteilen befreien und auch die Silberhaut auf der Oberseite des Filets mit einem scharfen Messer abheben. Danach das Wildschweinfilet der Länge nach halbieren und die beiden Hälften flach auflegen und wiederum halbieren. Die vier langen Streifen, die man dadurch erhält, nun auf einem Plastikbrett möglichst gerade auflegen und tiefkühlen.

● Die Schweinefilets ebenso blank zuputzen und auch hier die Silberhaut entfernen. Die Filetspitzen abschneiden – man kann sie würzen und nebenbei als Appetizer direkt grillen.

● In die beiden Schweinefilets in der Mitte mit einem schlanken, scharfen Messer ein Loch schneiden. Wenn die Wildschweinstreifen gut durchgefroren sind, wird je ein Streifen in die vorbereiteten Schweinefilets wie ein Stift eingeführt, dabei sollte man möglichst rasch arbeiten, damit die Wildschweinfilets nicht wieder antauen.

● Etwa eine Stunde vor dem Grillen die Schweinefilets würzen und mit dem Schweinsnetz umwickeln.

● Den Griller gut vorheizen und die Schweinefiletstücke direkt quer zum Rost auflegen. Mit der Dreipunktmethode wird hierbei das Filet jeweils so lange direkt angegrillt, bis ein markantes Grillmuster entsteht. Das heißt, die Filets werden zweimal um ein Drittel weitergedreht, sodass man dreimal eine Auflagefläche hat, auf der der Rost sein Muster hinterlässt. Auf diese Weise vorgegangen, verbrutzelt das Schweinsnetz und man erhält ein schönes Grillmuster.

● Wenn die Filets perfekt angegrillt sind, die Filetstücke in die indirekte Hitze geben und sie noch wenige Minuten bis zu der gewünschten Garstufe grillen. Eine ideale rosa Garstufe werden die meisten Filets bei 58 °C bis max. 60 °C Endtemperatur erreichen.

Grilltemperatur	ca. 220 °C
Grillzeit	ca. 15–20 Minuten
Kerntemperatur	58–60 °C
Grillmethode	direkt und indirekt

KÄSEGRILLSCHEIBEN

Die Überprüfung kann idealerweise mit einem Kernthermometer vorgenommen werden. Dabei ist zu beachten, dass die Kerntemperatur, und somit auch die Garstufe, in der Rastphase noch um 4–8 °C ansteigt, abhängig von der verwendeten Temperatur beim Grillen – je höher die Hitze im Grillgerät, desto höher ist der Anstieg beim Rasten.

Tipp: Ein Praxistipp für jene, die kein Kernthermometer besitzen oder verwenden wollen: Wenn die Schweinefilets wirklich gut angegrillt werden, haben sie nach diesem Vorgang eine Temperatur von ungefähr 30 °C im Kern, mit ca. 5 °C Schwankung nach oben und unten. Die Filets unmittelbar nach dem Angrillen in Alufolie mit der glänzenden Seite nach innen einschlagen und mit einem Baumwolltuch abdecken, die Kerntemperatur wird auf ca. 50 °C ansteigen. Auch hier wird die Abweichung max. 5 °C nach oben und unten betragen.
Dieser Anstieg wird ca. 10 Minuten dauern. Danach können die Filets aus der Folie genommen und nochmals für einige Minuten auf den Griller gelegt werden.
Für Profis wird es im direkten Bereich möglich sein, die geeignete Garstufe in wenigen Minuten zu finden. Für den weniger Geübten empfehle ich für das Finish die indirekte Methode, damit die Kerntemperatur nur langsam erhöht wird und die Filets nicht übergaren. Mit der Druckmethode erkennt man sehr schön, wie die Spannung am Filet zunimmt, und mit einem Testschnitt kann man sich selbst von der Garstufe des Produkts überzeugen.

Zutaten

250 g Semmelwürfel
1/4 l Milch
2–3 Eier
50 g Butter
Salz
Kümmel
1 Zwiebel
50 g gehackte Petersilie
250 g Käse
(Bergkäse, Emmentaler, Gouda etc.)
2–3 EL Mehl

Zubereitung

- Die Milch und die Eier verrühren, die Semmelwürfel salzen und mit der Eiermilch übergießen, durchmischen und ziehen lassen.
- Die Zwiebel schälen, fein würfelig schneiden, in der Butter anschwitzen und mit der Petersilie und dem Kümmel zu den Semmelwürfeln geben.
- Den Käse in kleine Würfel schneiden und ebenfalls zugeben. Die Masse mit dem Mehl binden und nochmals etwa 10 Minuten einziehen lassen.
- Zwei kleine Rollen aus der Masse formen und in einer gut eingefetteten Alufolie mit der glänzenden Seite nach innen streng einwickeln.
- Im Griller bei ca. 160 °C bei indirekter Grillmethode ca. 25–30 Minuten zubereiten.
- Die Rolle auswickeln und in Scheiben schneiden.
- Die Scheiben können auf einer gut eingeölten, vorgeheizten Gussplatte beidseitig knusprig gegrillt werden.

Tipp: Sollten Grillscheiben übrig bleiben, lassen sie sich im Kühlschrank einige Tage aufbewahren und können auch erst später gegrillt oder auf andere Art zubereitet werden.

Grilltemperatur	ca. 160 °C
Grillzeit	ca. 30 Minuten
Grillmethode	indirekt und direkt

IM KOHLBLATT GEROLLTER SCHWEINSLUNGENBRATEN MIT MORCHELN GEFÜLLT

Zutaten

600–800 g Schweinsfilet mit Kopf
4 blanchierte Kohlblätter, Strünke entfernt
1 gewässertes Schweinsnetz
Salz, Zitronenpfeffer, Thymian
1 Ei
etwas Obers
1 EL Senf
100 g getrocknete Morcheln (ca. 20 Minuten in lauwarmem Wasser einweichen)
100 g Selchspeck

Zubereitung

- Schweinsfilet von Sehnen und Haut befreien, den Kopf herunterlösen, mit Speck fein faschieren und im Cutter mit Salz, Pfeffer, Thymian, dem Ei und etwas Obers zu einer Farce verarbeiten.
- Schweinsfilet der Länge nach aufschneiden, auseinanderklappen, mit dem Fleischklopfer leicht plattieren, leicht salzen, mit der Farce bestreichen, die eingeweichten Morcheln ausdrücken und auf der Farce verteilen. Das Filet fest zusammenrollen, salzen, pfeffern und mit Senf bestreichen. Das gewässerte Schweinsnetz ausdrücken, auflegen, die blanchierten Kohlblätter darauflegen, das zusammengerollte Filet daraufsetzen, einrollen und die Enden abschneiden.
- Auf dem eingeölten heißen Rost das gerollte Filet rundherum direkt angrillen und indirekt auf eine Kerntemperatur von 57 °C grillen, in Alufolie gewickelt rasten lassen. Durch die Resthitze kommt das Filet dabei auf eine Kerntemperatur von 62 °C, der Saft bindet sich besser ein und das Filet bleibt schön rosa.

Tipp: Statt der Kohlblätter kann man Rohschinken oder Speck verwenden.

Wenn einmal etwas übrig bleibt: Den saftigen kalten Schweinslungenbraten als Finger-Food servieren.

Grilltemperatur	180 °C
Grillzeit	20 Minuten
Kerntemperatur	57 °C (nach dem Ziehen 62 °C)
Grillmethode	direkt angrillen, dann indirekt fertig grillen

THE FLYING ANANAS RIBS

Zutaten

4 Längen Spareribs
Salz, Pfeffer
2 Ananas
4 EL Braunzucker
4 cl Rum,
z. B. Legendario Elixir de Cuba

Für die Marinade

2 Knoblauchzehen
1/2–1 Chilischote
2 Zitronen
4 EL Waldhonig oder Ahornsirup
250 ml süße Chilisauce

Equipment

eine Spießeinheit mit
rückwärtigem Brenner
Grillalufolie
5–6 Holz-Schaschlikspieße,
eingeweicht in Wasser

Zubereitung der Marinade

- Knoblauchzehen und Chilischote fein hacken.
- Den Saft der Zitronen auspressen. Alle Zutaten der Marinade in einem Topf erhitzen und einige Minuten einköcheln lassen. Die Marinade zur Verwendung etwas abkühlen lassen.

Zubereitung der Spareribs

- Die Ribs von der Beinhaut befreien, salzen und pfeffern, mit der Marinade bestreichen und über Nacht im Kühlschrank ziehen lassen.
- Die Ananas oben und unten kappen und senkrecht aufstellen. Nun mit dem Messer die Ananas außen von oben nach unten schälen.
- Die geschälten Ananas mit den Spießklammern wie zwei ganze Hühner auf den Spießen fixieren. Die Ananas dann mit Braunzucker bestreuen und mit gutem braunem Rum bestreichen. Die Ananas jeweils mit zwei Ribs mit der Fleischseite nach außen umhüllen und die Ribs mit den Holzspießen fixieren.
- Die Spieße einhängen, den rückwärtigen Brenner starten und die Temperatur auf 160–180 °C einstellen. Zunächst eine halbe Stunde grillen; sollten die Ribs zu rasch Farbe annehmen, kann für ca. 45–60 Minuten mit der Grillfolie abgedeckt gegrillt werden.
- Gegen Ende der Grillzeit können die Ribs mehrmals mit der Marinade bepinselt und somit schön glasiert werden.
- Mit einem trockenen Holzspieß kann man die Ribs anstechen und die Weichheit prüfen.
- Da jeder Grillmeister seine persönliche ideale Konsistenz der Ribs anstrebt, variieren die Zubereitungszeiten zwischen 1½ und 2½ Stunden, auch abhängig von der gewählten Grilltemperatur.

Tipp: Die Marinade ist ein ideales Geschenk und Mitbringsel mit persönlicher Note. Sie kann in kleine Glasbehälter abgefüllt auf Vorrat produziert werden und mit einem Bastfaden etc. dekoriert werden. Man kann sie auch als Dip-Sauce verwenden.

Grilltemperatur	160–180 °C
Grillzeit	ca. 2 Stunden
Grillmethode	indirekt

PRIME RIBS VON DER WALDVIERTLER KALBIN
FLANK STEAK
GEROLLTER RIEDDECKEL MIT ANANAS-POLENTA
GESMOKTE RINDERRIPPE
GESMOKTE RINDERHÜFTE
GESMOKTES WALDVIERTLER HÜFERL
MIT KNOBLAUCH-ZWIEBEL-PÜREE
RÄUCHER-ROSTBRATEN
TOMAHAWK STEAK VON DER FLECKVIEH-KALBIN
RINDERFILET SLOW GEGART
ENTRECÔTE DOUBLE MIT ENGLISCHEM GEMÜSE
PEPPERPOT
KALBSSCHULTERSCHERZL AUS DEM 14ER DUTCH OVEN
GULASCH AUS DEM DUTCH OVEN

PRIME RIBS VON DER WALDVIERTLER KALBIN

Zutaten

5 kg Prime Ribs von der Waldviertler Kalbin, gut gereift (der Rostbraten ohne Deckel, mit den Rippen eingewachsen, aber das Rückgrat entfernt; vom Fleischermeister Ihres Vertrauens beraten lassen und zeitgerecht ca. 4 Wochen vor dem Grilltermin bestellen)
4 EL Salz
2 EL geschroteter Pfeffer
2 EL Adi Matzeks Steak-Grillgewürz
6 gepresste Knoblauchzehen
8 EL Olivenöl
50 g gehackter Rosmarin
50 g gehackter Thymian
50 g gehackter Liebstöckel
Bier nach Konsistenz beigeben

Zubereitung

- Salz, Pfeffer, Steakgewürz, Knoblauch und Kräuter mit dem Öl vermengen und mit dem Bier zu einer eher festen Marinade vermischen. Das Rindfleisch damit komplett einstreichen und kühl gestellt die Marinade einen Tag einziehen lassen.
- Das Rindfleisch einige Stunden vor dem Grillen aus der Kühlung geben. Die Prime Ribs direkt von allen Seiten bei ca. 200 °C angrillen.
- Den Griller nun für die indirekte Grillmethode herrichten und die Temperatur auf maximal 160 °C absenken.
- Wer mit Holzkohle grillt, kann den Griller innerhalb der nächsten zwei Stunden auf 70–80 °C Niedrigtemperatur abfallen lassen und diese Temperatur halten. Bei einem Gasgriller wird dieses Abfallen nur durch ein spaltweises Öffnen des Deckels, bei gleichzeitig kleinster Brennerleistung, möglich sein. Ideal ist es, eine Grillzange mit dem aufgestellten Zangenkopf zur Belüftung unter dem Deckel einzuklemmen, somit kann Hitze entweichen. Bei einem Smokergerät ist es kein Problem, diese niedrige Temperatur zu erreichen, diese Griller sind dafür bauartbedingt optimal ausgelegt.
- Zusammengefasst nochmals der Hitzeverlauf: ca. 10 bis 15 Minuten 200 °C, während 2 Stunden Abfallen der Temperatur von 160 °C auf ca. 70–80 °C und ca. 3–3½ Stunden Halten der Temperatur auf 70 °C. Die ideale Endtemperatur im Kern sollte bei dieser Grillmethode ca. 53 °C bis max. 58 °C betragen.

Grilltemperatur	200 °C / 160 °C, abfallend auf 70–80 °C halten
Grillzeit	ca. 5–6 Stunden
Kerntemperatur	53–58 °C
Grillmethode	direkt und indirekt

FLANK STEAK

Zutaten

1 kg Flank Steak
(hinterer Bauchlappen)
3 EL brauner Zucker
2 EL Paprikapulver
1 Msp. Cayennepfeffer
1 EL Senfpulver
1 EL Knoblauchgranulat
1 TL getrocknetes Basilikum
1 TL Zwiebelpulver
1 TL gemahlener schwarzer Pfeffer
2 TL Meersalz
etwas Butter
1 quer durchgeschnittene
Knoblauchzwiebel

Zubereitung

- Die Gewürze gründlich vermischen, das Flank Steak rundherum gut einreiben, in Klarsichtfolie wickeln und im Kühlschrank 12 Stunden rasten lassen. Den Grill aufheizen und das Flank Steak bei starker Hitze von jeder Seite 6–8 Minuten grillen, anschließend in Alufolie 5 Minuten rasten lassen.
- Die Folie öffnen, das Steak mit Knoblauch und Butter einreiben und quer zur Faser in dünne Scheiben schneiden.
- Das Flank Steak ist aus der amerikanischen Steakhausküche bekannt, in Österreich wird dieses flache Stück von Grillfreunden als hinterer Bauchlappen bezeichnet und erfreut sich immer größerer Beliebtheit. Das Fleisch ist sehr stark marmoriert und dadurch geschmacksintensiv und sehr saftig.

Wenn einmal etwas übrig bleibt: Flank Steak lässt sich gut zu Rindfleischtascherln verarbeiten.

Grilltemperatur	250 °C
Grillzeit	ca. 12–16 Minuten
Kerntemperatur	max. 48–52 °C
Grillmethode	direkt

GEROLLTER RIEDDECKEL
MIT ANANAS-POLENTA

Zutaten

1 Rieddeckel, ca. 1 1/2–2 1/2 kg
(grobfaseriges Fleisch, der obere Teil der
Rostbratenried deckt den oberen Teil
der Schulter ab, ist sehr saftig, erfordert aber
beim Grillen etwas Fingerspitzengefühl)
Memphis Style Pulled Pork Rub (siehe S. 33)

Für die Glasur

500 ml Coca-Cola
4 EL Kirschmarmelade
6 zerdrückte Knoblauchzehen
50 ml Balsamicoessig
100 ml Sojasauce
Chili je nach gewünschter Schärfe

Für die Polenta

1 l Milch
300 g Polenta (Maisgries)
50 g Butter
200 g fein gehackte Ananaswürfel
Salz, Muskatnuss

Zubereitung

- Rieddeckel außen von Sehnen und Flachsen befreien, mit dem Rub großzügig einreiben, in Klarsichtfolie über Nacht ziehen lassen.
- Für die Glasur die Zutaten gut vermischen, kurz aufkochen und fein sieben.
- Für die Polenta Milch, Salz und Muskatnuss aufkochen, Polenta in die kochende Milch einrieseln lassen und gut einrühren. So lange kochen, bis sich die Masse vom Boden löst und die Polenta schön weich ist. Die fein gehackten und ausgedrückten Ananasstücke unter die heiße Polenta rühren, auf einem Backblech ca. 1–1½ cm dick aufstreichen und erkalten lassen.
- Den marinierten Rieddeckel mit einem Küchenspagat zusammenbinden oder mit Holzspießen zusammenstecken. Bei 150 °C am vorgeheizten Grill auflegen, indirekt auf eine Kerntemperatur von ca. 58 °C grillen und stündlich mit der Glasur rundherum bestreichen. Danach in Alufolie einschlagen und ca. 1 Stunde rasten lassen. Die Grillzeit beträgt bei einem 2 kg schweren Rieddeckel ca. 2½ Stunden.
- Die kalte Polenta in Rechtecke schneiden und am Grill ca. 20–25 Minuten bei ca. 180 °C fertig grillen.

Tipp: Der Rieddeckel kann auch in ein Schweinsnetz eingeschlagen werden, damit die Form schön erhalten bleibt, oder man schiebt ihn nach dem Marinieren in einen Wurstdarm (Kunststoffdarm), kocht ihn bei ca. 56 °C 14 Stunden vor und grillt ihn anschließend.

Grilltemperatur	150 °C
Grillzeit	pro Kilo werden 1¼ Stunden gerechnet
Kerntemperatur	58 °C
Grillmethode	indirekt

GESMOKTE RINDERRIPPE

Zutaten

1 Rinderrippe, ca. 2 kg
Rindfleisch-Rub (siehe S. 34)

Zubereitung

- Den Rindfleisch-Rub am Vortag zubereiten.
- Die halbe Rubmenge gut in die Rippe einmassieren, in Klarsichtfolie einwickeln und 24 Stunden kalt stellen.
- Die Rippe 3 Stunden vor dem Grillen auspacken und nochmals mit dem restlichen Rub gut einreiben.
- Den Smoker auf 110 °C vorheizen, die Rinderrippe 5–6 Stunden smoken und stündlich mit der warmen Mopp-Sauce (siehe S. 35) bestreichen.

Wenn einmal etwas übrig bleibt: Die Ripperl sind kalt mit einem Stück Schwarzbrot ein Genuss.

Dazu passt: Estragonsenf von Mautner Markhof.

Grilltemperatur	110 °C
Grillzeit	5–6 Stunden
Kerntemperatur	85 °C
Grillmethode	smoken

GESMOKTE RINDERHÜFTE

Zutaten

Rinderhüfte, ca. 2–2 1/2 kg
Rinder-Rub (siehe S. 34)

Zubereitung

- Die Rinderhüfte leicht zuputzen, mit Rub großzügig fest einreiben und in Klarsichtfolie oder vakuumiert 24 Stunden marinieren. Den Smoker aufheizen und bei ca. 90–100 °C die Rinderhüfte einlegen und ca. 5–6 Stunden smoken.

Tipp: Zwischendurch kann man das Fleisch immer wieder mit einer Melassesauce einpinseln. Die Sauce sorgt für eine schöne Farbe und verleiht dem Fleisch einen besonderen Geschmack.

Wenn einmal etwas übrig bleibt: Das Fleisch quer zur Faser in dünne Streifen schneiden, zwei Streifen hintereinander auflegen, mit hart gekochtem Ei füllen, einrollen, auf einen Teller legen, mit Balsamicoessig, Olivenöl, Salz und Pfeffer marinieren und mit Rucolasalat garniert servieren.

MELASSESAUCE

Zutaten

250 ml Ketchup
75 ml Apfelessig
2 EL brauner Zucker
4 TL Worcestersauce
1 EL Honig
1 EL Melasse (Rohrzucker, im Reformhaus erhältlich)
1/2 TL Knoblauchpulver

Zubereitung

Alles zusammenmischen und einmal aufkochen. Passt am besten zum Bestreichen von Ripperln, Pulled Pork oder Brisket.

Grilltemperatur	90–100 °C (im Smoker)
Grillzeit	5–6 Stunden
Kerntemperatur	62–68 °C
Grillmethode	smoken

GESMOKTES WALDVIERTLER HÜFERL
MIT KNOBLAUCH-ZWIEBEL-PÜREE

Zutaten

ca. 2 kg Waldviertler Hüferl
6 Knoblauchknollen
6 weiße Zwiebeln
4 EL Crème fraîche
„Adi-Rub" (siehe S. 34)
Mopp-Sauce (siehe S. 35)

Zubereitung

- Das Hüferl am Vortag mit dem „Adi-Rub" einreiben, in Klarsichtfolie im Kühlschrank über Nacht ziehen lassen, am nächsten Tag das Fleisch aus dem Kühlschrank nehmen, im aufgeheizten Smoker bei 110 °C ca. 5–6 Stunden bis zur Kerntemperatur von ca. 60 °C smoken – das Fleisch ist dann noch schön rosa.
- Aus dem Smoker nehmen und in dünne Scheiben schneiden.

Zubereitung Knoblauch-Zwiebel-Püree

- Für das Püree die Zwiebeln und den Knoblauch im Ganzen mitsmoken. Wenn das Gemüse weich ist (als Test mit Holzspieß anstechen) quer halbieren, das Fruchtfleisch aus der Schale drücken, noch heiß mit dem Stabmixer aufmixen, Crème fraîche dazugeben und mit Salz und Pfeffer abschmecken.

Tipp: Das Fleisch kann man während des Smokens auch mit einer Mopp-Sauce einstreichen, dadurch erhält man einen schönen Glanz.

Wenn einmal etwas übrig bleibt: Gesmoktes Fleisch lässt sich gut kalt aufschneiden und kann mit einer Dip-Sauce serviert werden.

Grill**temperatur**	110 °C
Grill**zeit**	ca. 5–6 Stunden
Kern**temperatur**	ca. 60 °C
Grill**methode**	smoken

RÄUCHER-ROSTBRATEN (GESMOKTER ROSTBRATEN)

Zutaten

1 1/2 kg Rostbratenrose
ohne Kette und Deckel,
von der Fleckviehkalbin,
gereifte Qualität
Salz aus der Mühle
Pfeffer aus der Mühle
Adi Matzeks Steak-Grillgewürz
2 EL Mautner Markhof Zwiebelsenf

Equipment

Kernthermometer
Hartholzspäne zum Räuchern

Zubereitung

- Den Rostbraten mit dem Steakgewürz und ordentlich Salz und Pfeffer aus der Mühle würzen und die Gewürze etwas ins Fleisch einmassieren.
- Danach den Zwiebelsenf aufbringen und die Gewürze einige Stunden einziehen lassen.
- Den Rostbraten von allen Seiten bei direkter Hitze von ca. 220 °C angrillen.
- In der Zwischenzeit sollte der Apollo Smoker oder ein Kugelgrill mit einigen glühenden Holzkohlebriketts nur leicht befeuert werden und die Temperatur konstant auf ca. 110 °C gehalten werden.
- Der angegrillte Rostbraten sollte auf den obersten Rost gelegt werden, damit er möglichst weit von den glühenden Kohlen entfernt ist und möglichst schonend gegart werden kann.
- Um ein tolles Raucharoma zu erhalten, sollte man von Zeit zu Zeit eine Handvoll Hartholzspäne, die mehrere Stunden eingeweicht wurden, auf die Glut geben.
- Mit einem Kernthermometer überprüft, sollte die Endtemperatur ca. 54 °C bis maximal 58 °C betragen. Je nach Größe des Rostbratens kann die Zubereitungszeit variieren, aber ca. 3 Stunden müssen sicher eingeplant werden.

Tipp: Sollten sich die Gäste verspäten oder das Fleisch früher als erwartet gar sein, kann man den Rostbraten in eine Alufolie (glänzende Seite nach innen) gut einwickeln und ein Baumwolltuch darübergeben. So hält man die Temperatur über eine Stunde lang relativ konstant. Nebenbei bekommt man durch diese verlängerte Rastphase einen äußerst zarten Braten.

Grilltemperatur	220 °C / 110 °C
Grillzeit	ca. 3 Stunden
Kerntemperatur	ca. 54–58 °C
Grillmethode	direkt und indirekt

TOMAHAWK STEAK VON DER FLECKVIEH-KALBIN

Zutaten

1 Tomahawk Steak, ca. 1,7–2 kg
Salz
Pfeffer
Adi Matzeks Steak-Grillgewürz

Zubereitung

• Das Steak ca. 10–20 Minuten vor dem Grillvorgang kräftig mit Salz und etwas sparsamer mit Pfeffer aus der Mühle würzen. Wer die Würzung gerne kräftiger mag, kann dazu original Adi Matzeks Steak-Grillgewürz verwenden.

• Das Grillgerät auf ca. 220 °C vorheizen und das Steak 2 Minuten direkt angrillen, danach das Steak neu platzieren, durch eine Drehung um 45° erhält man ein schönes Grillmuster, und weitere 2 Minuten grillen. Nach den ersten 4 Minuten das Steak wenden und auch bei der zweiten Seite wie beschrieben vorgehen.

• Während des Angrillens ist es empfehlenswert, den Deckel geschlossen zu halten, so erreicht man eine gleichmäßigere Temperatur und Fettbrand kann größtenteils vermieden werden.

• Danach sollte das Grillgerät für indirekte Hitze vorbereitet werden. Ideal ist es, die Hitze auf 140–160 °C zu reduzieren und das Steak im indirekten Grillbereich bis zur gewünschten Kerntemperatur zu garen.

• Gute Dienste leistet ein Kernthermometer, das am besten nach der achtminütigen Angrillphase im Steak platziert wird. So kann der Temperaturanstieg kontrolliert werden.

• Bei ca. 50 °C Kerntemperatur das Steak aus dem Griller nehmen und in eine Alufolie zum Rasten (Nachziehen) wickeln.
Die Temperatur wird dort noch je nach gewählter indirekter Hitze um 4–8 °C ansteigen.
Die empfehlenswerte Endtemperatur liegt zwischen 54 und 58 °C im Kern.

Tipp: Das Steak einige Stunden vor dem Grillen aus dem Kühlschrank nehmen.

Grilltemperatur	ca. 220 °C / 140–160 °C
Grillzeit	ca. 25 Minuten
Kerntemperatur	ca. 50 °C
Grillmethode	direkt und indirekt

RINDERFILET SLOW GEGART

Zutaten

1,2 kg Rinderfilet, Mittelstück
Salz aus der Mühle
Pfeffer aus der Mühle
Adi Matzeks Steak-Grillgewürz

Equipment

Grillalufolie extrastark
Kernthermometer

Zubereitung

• Das Rinderfilet von allen Sehnen und Fettteilen befreien, auch die Silberhaut auf der Oberseite des Filets gehört entfernt. Das Filet mit dem Steakgewürz und ordentlich Salz und Pfeffer aus der Mühle würzen und eine halbe Stunde einziehen lassen.

• Den Griller auf ca. 250 °C vorheizen und das Filet auf allen Seiten quer zum Grillrost bei direkter Hitze angrillen, bis die Grillmarkierung schön markant erscheint. Das auf diese Weise angegrillte Rinderfiletmittelstück in eine Alufolie streng einwickeln und mit dem Kernthermometer versehen in einem Apollo Smoker oder in einem beliebigen Kugelgriller bei nur ca. 90–110 °C maximaler Grilltemperatur indirekt grillen.

• Das Filet sollte für einen optimalen Genuss eine Kerntemperatur von ca. 54 °C bis maximal 58 °C Endtemperatur aufweisen.

• Beim Servieren das Filet in schöne dicke Scheiben schneiden und die Teller gut vorwärmen, damit das Fleisch nicht zu schnell auskühlt.

Tipp: Wer nur mit Salz und Pfeffer würzen möchte, kann auch einige Zweige Rosmarin mit dem Filet in die Alufolie einwickeln.
Probieren Sie verschiedene Varianten der Würzung, bis Sie Ihre persönliche Note gefunden haben.

Grilltemperatur	250 °C / 90–110 °C
Grillzeit	ca. 2½–3 Stunden
Kerntemperatur	ca. 54–58 °C
Grillmethode	direkt und indirekt

ENTRECÔTE DOUBLE MIT ENGLISCHEM GEMÜSE

Zutaten

ca. 1,2 kg Entrecôte double vom Jungstier

Zubereitung

- Das Entrecôte auf ca. 4–5 cm plattieren, in der Cognacmarinade ca. 4–8 Stunden marinieren, danach das Fleisch rausnehmen, die Marinade durch ein feines Sieb seien und auf ein Drittel einreduzieren.
- Das Entrecôte double mit Küchenkrepp abtrocknen und bei direkter Hitze, am besten auf einem Sear Grate (Gusseisenrost von Weber), scharf 4–5 Minuten pro Seite angrillen, damit ein schönes Grillmuster entsteht, und dann indirekt weitergrillen; dabei das Entrecôte mit der Cognacmarinade bepinseln, nach 15 Minuten wenden, nochmals einpinseln und fertig grillen.
- Das Entrecôte double in Alufolie 5 Minuten rasten lassen.

COGNACMARINADE

Zutaten

60 ml Wasser
25 ml Sojasauce
15 ml dunkle Sojasauce
100 ml Cognac
5 ml Worcestersauce
4 ml Zitronensaft
13 g brauner Zucker

Zubereitung

- Alle Zutaten gut vermischen.

ENGLISCHES GEMÜSE

Zutaten

2 Karotten, 1 Kohlrabi, 2 Gelbe Rüben
100 g frischer Blattspinat
Salz, Pfeffer, eine Prise Zucker
etwas Butter
Schuss Gemüsefond

Zubereitung

- Das Gemüse schälen und in 4 cm lange Stäbchen schneiden, in etwas Butter ansautieren, mit einem Schuss Gemüsefond aufgießen, salzen, pfeffern und Zucker dazugeben, kurz durchrösten und die Spinatblätter untermengen.
- Auf einer Platte anrichten, das Entrecôte double aus der Folie nehmen, quer zur Faser aufschneiden und auf das Gemüse setzen.

Tipp: Das Grillen eines Entrecôte double gestaltet sich mitunter schwierig, denn gerade die Beiried entwickelt delikate, kräftig schmeckende Steaks, kann jedoch unsere Kaumuskulatur sehr beanspruchen, wenn nicht alle Parameter stimmen. Es ist hier sehr wichtig, ein sehr gut abgelegenes Stück zu verwenden, denn erst die Fleischreifung macht das Entrecôte richtig mürb; ist das Fleisch zu frisch, ist die Zubereitung problematisch. Suchen Sie sich dafür einen Fleischhauer Ihres Vertrauens.

Wenn einmal etwas übrig bleibt: Den Fettrand wegschneiden und einen pikanten Rindfleischsalat (nach Teufelsart) zubereiten. Dafür Zwiebel und dreierlei Paprika anrösten, einen Schuss Chilisauce, ein paar Esslöffel Ketchup, braunen Zucker, Rindssuppe und Gemüsefond dazugeben, salzen, pfeffern und kurz weich dünsten. Das Entrecôte in dünne Scheiben schneiden und in der warmen Marinade erkalten lassen – und fertig ist der pikante Rindfleischsalat.

Grilltemperatur	220 °C
Grillzeit	ca. 40 Minuten
Kerntemperatur	ca. 56–58 °C
Grillmethode	direkt angrillen, indirekt fertig grillen

PEPPERPOT

Zutaten

800 g Rindfleisch zum Schmoren
2 Zwiebeln
Öl
Salz, Pfeffer
2 EL Paprikapulver
1 roter Pfefferoni
1/4 l trockener Rotwein
750 g Kartoffeln
1–2 TL Zucker

Equipment

Dutch Oven, 12 Zoll

Zubereitung

- Fleisch in 2 cm große Würfel schneiden, Zwiebel schälen und grob würfeln. Kartoffeln schälen und ebenfalls in 2 cm große Würfel schneiden.
- Holzkohle-Briketts für den Dutch Oven im Anzündkamin vorheizen. 20 Briketts unter dem Dutch Oven platzieren und aufheizen.
- Etwas Öl im Dutch Oven erhitzen und die Zwiebeln und das Fleisch darin 5 Minuten rundherum stark anbraten, dabei salzen und pfeffern. Paprikapulver, den roten Pfefferoni und den Rotwein zufügen und den Dutch Oven schließen. 10 Briketts von unten auf dem Deckel platzieren und weitere 10 Briketts oben hinzufügen. Das Fleisch nun ca. 40 Minuten schmoren lassen, danach die Kartoffelwürfel unter das Fleisch mischen und weitere 20 Minuten schmoren.
- Zum Ende der Garzeit den Pepperpot mit Zucker abschmecken.

Grillzeit ca. 65–70 Minuten
Grillmethode Dutch Oven

KALBSSCHULTERSCHERZL AUS DEM 14ER DUTCH OVEN

Zutaten

2 St. Kalbsschulterscherzl, Gesamtgewicht 1 1/2 kg
Salz, Pfeffer
frisch gehackter Thymian
200 g Cherrytomaten
300 g geschälte, in Achtel geschnittene Zwiebeln
10 Knoblauchzehen
100 g fein gehackte Petersilie
2 in Streifen geschnittene rote Paprika
1/2 l Weißwein
1/2 l Wasser
1 Prise Zucker
100 ml Rapsöl

Zubereitung

- Schulterscherzl mit Salz, Pfeffer und Thymian fest einreiben, in Klarsichtfolie einige Stunden ziehen lassen, eventuell auch über Nacht.
- Schulterscherzl rasch rundherum angrillen, den Dutch Oven auf 10 Stück Briketts stellen, kurz anheizen, Rapsöl hineingeben und Zwiebeln, Paprikastreifen und Knoblauch kurz darin anschwitzen.
- Mit dem Weißwein ablöschen, etwas Rapsöl dazugeben, salzen, pfeffern, zuckern und die angegrillten Schulterscherzl in die Flüssigkeit einlegen, das Fleisch sollte mit Flüssigkeit bedeckt sein. Den Deckel daraufgeben und nochmals 12 Brikettes darauflegen.
- Etwa 1 Stunde schmurgeln lassen, die Schulterscherzl wenden, die Cherrytomaten dazugeben und noch ½ Stunde zugedeckt fertig garen. Immer so viel Flüssigkeit nachgießen, dass das Fleisch damit bedeckt ist.
- Vor dem Servieren mit frischer Petersilie oder Kräutern bestreuen und abschmecken.

Tipp: Das Schulterscherzl kann man in der Küche in einer Pfanne oder am Deckel des Dutch Oven, den man auf Briketts legt, angrillen.

Wenn einmal etwas übrig bleibt: Kalbsschulterscherzl in kleine Würfel schneiden, das Gemüse abseihen, fein aufmixen, in ein Cocktailglas zu drei Viertel einfüllen, Fleischwürfel daraufstreuen und mit Kräuterbouquet und Sauerrahm garnieren.

Grilltemperatur	220 °C
Grillzeit	1½ Stunden
Kerntemperatur	68–72 °C (damit sich das Kollagen schön zersetzt)
Grillmethode	direkt und indirekt im Dutch Oven

GULASCH AUS DEM DUTCH OVEN

Zutaten

1 1/2 kg gewürfeltes Rindsgulaschfleisch (Wadschunken)
100 g Schweineschmalz
10 Zwiebeln
3 rote Paprika
je 1 TL Salz, Pfeffer, Kümmel, Knoblauch, Majoran
1 Schuss Essig
3 EL edelsüßes Paprikapulver
2 l Rindssuppe

Zubereitung

- Die Zwiebeln feinwürfelig schneiden und im Schweineschmalz im heißen Dutch Oven anrösten, bis sie goldgelb sind.
- Knoblauch, Majoran, Kümmel und Paprikapulver kurz mitrösten (nicht zu lange, sonst werden die Gewürze bitter), mit Essig ablöschen, mit Rindssuppe auffüllen, salzen, pfeffern, den gewürfelten Wadschunken dazugeben und zugedeckt 2 Stunden köcheln lassen.
- Für die angegebene Menge benötigt man 12 Briketts unten und 12 Briketts oben.
- Nach 1 Stunde kontrollieren, ob noch genug Flüssigkeit vorhanden ist.
- Den Paprika in grobe Streifen schneiden, kurz ansautieren und unter das weiche Rindsgulasch mischen.

Tipp: Die Garzeit hängt von der Fleischreife ab. Für dieses Gulasch kann man das Fleisch 24 Stunden davor würzen, dadurch beginnt bereits ein Garprozess, welcher die Kochzeit verkürzt. Jeder kann dabei seine Vorlieben ausprobieren. Wichtig ist, dass das Gulasch schön sämig ist und der volle Geschmack erhalten bleibt und nicht wie bei sonstigen Garmethoden sich die Aromen verflüchtigen.

Wenn einmal etwas übrig bleibt: Das Gulasch einfach aufwärmen.

Tipp: Für den normalen Haushalt empfehle ich einen 14"- oder einen 16"-Dutch-Oven – für 14–16 Personen. Dutch Oven sind nicht zu teuer, halten ewig und entlasten den Grill. Frisch geerntete Gemüse wie Paradeiser, Paprika oder Zucchini eignen sich wunderbar zum Schmoren mit Olivenöl, Meersalz, einer Prise Zucker und Weißwein, entwickeln ein unvergleichliches Aroma und haben einen tollen Geschmack.
Man kann mehrere Dutch Oven übereinanderstellen und im Turmsystem gleichzeitig betreiben.

Grilltemperatur	160–180 °C
Grillzeit	2 Stunden
Grillmethode	Dutch Oven

LAMMKRONENSTICKS
GEGRILLTE LAMMSTELZEN MIT ROSMARINÖL
LAMMFLEISCHKNÖDERL IM TORTILLA-CHIP
PFEFFERSTEAK VOM WILDHASEN
GEROLLTER FRISCHLINGSRÜCKEN
REHMEDAILLONS AUF OFFENEN CRÊPES
REHRÜCKEN IM GANZEN GEGRILLT
GEGRILLTER REHSCHLÖGEL
FASCHIERTES CARNUNTINER REH IM APFEL

Lamm & Wild

LAMMKRONENSTICKS

Zutaten

*1 kg Lammkronen
(Lammkarree mit langem,
losgelöstem Knochen)
Salz aus der Mühle
schwarzer Pfeffer aus der Mühle
Adi Matzeks Steak-Grillgewürz,
eine Prise nach Belieben*

Zubereitung

● Die Lammkronen sind meistens nicht nur mit der Rose geschnitten, sondern es ist sehr oft noch Fettgewebe und durchwachsenes Fleisch dabei. Für Liebhaber von Lamm sicher kein Problem, aber für Gäste, die Lammfleisch gegenüber skeptisch eingestellt sind, kann man alles so weit entfernen, dass nur mehr die Rose übrig bleibt.

● Die Lammkronen mit Salz und Pfeffer würzen und am Grill nach der direkten Methode zubereiten, dabei pro Seite maximal 2 Minuten grillen. Auf alle Fälle sollten die Kronen rosa sein und nicht völlig durchgegart werden.

Tipp: Die Abschnitte von überschüssigem Fett befreien und faschieren, daraus lassen sich, gewürzt mit Salz, Pfeffer und Zwiebel, schmackhafte kleine Lammfleischbällchen zaubern.

Grilltemperatur	200–220 °C
Grillzeit	ca. 4 Minuten
Grillmethode	direkt

GEGRILLTE LAMMSTELZEN MIT ROSMARINÖL

Zutaten

4 hintere Lammstelzen
à 250–300 g
100 ml Rosmarinöl
4 Rosmarinzweige
4 zerdrückte Knoblauchzehen
1 Msp. Curry
1 große Zucchini
Salz, Pfeffer

Equipment

4 Stück Alufolie
(zum Abdecken der Stelzen)

Zubereitung

- Die dünne äußere Haut der Lammstelzen zuputzen, das obere Vögerlfleisch ablösen und den Knochen mit Alufolie umwickeln, damit er beim Grillen nicht verbrennt.
- Das Rosmarinöl mit Salz, Pfeffer und zerdrücktem Knoblauch abmischen, mit einem spitzen Ausbeinmesser die Stelze oben am Knochen einschneiden und dann mit einem Löffel die Ölmischung hineinleeren. Außen fest mit der restlichen Rosmarinmarinade einreiben und indirekt ca. 1–1¼ Stunden bei 200 °C grillen. Die Rosmarinzweige kann man die letzten Minuten als Deko reinstecken, sie sorgen auch für ein gutes Aroma.
- Die Zucchini in Scheiben schneiden, salzen, austretendes Wasser wegtupfen und am Schluss kurz mitgrillen.

Tipp: Beim indirekten Grillen (Kugelgrill) stellt man im Grill die Kohlenkörbe links und rechts an die Seite, in die Mitte gibt man eine Aluminiumtasse mit einem Schuss Wasser – durch die Feuchtigkeit wird die Stelze besonders saftig. Vor Ende der Grillzeit kann man die Stelze noch ein paarmal mit der Rosmarinmarinade überpinseln, man sollte aber nicht zu früh damit beginnen, damit die Stelze nicht zu dunkel wird.

Wenn einmal etwas übrig bleibt: Die Stelze auslösen und mit dem Fleisch eine in Rotwein geschmorte Lammstelze ansetzen.

Grilltemperatur	200 °C
Grillzeit	ca. 1–1¼ Stunde
Kerntemperatur	68–72 °C
Grillmethode	indirekt

LAMMFLEISCHKNÖDERL IM TORTILLA-CHIP

Zutaten

500 g faschierte Lammschulter
1 fein gehackte Zwiebel
1 TL gemahlener Ingwer
1/2 TL scharfes Paprikapulver
1 TL Kurkuma
Salz, Pfeffer
2 EL Olivenöl
30 g frisch gehacktes Basilikum
3 EL Semmelbrösel
1 Ei
ca. 150 g zerbröselte Tortilla-Chips

Zubereitung

- Alle Zutaten vermengen, kleine Bällchen formen, bei 160 °C ca. 20–25 Minuten indirekt grillen, danach in eine Barbecue-Sauce eintauchen und in zerbröselten Tortilla-Chips wälzen.
- Auf kleine Spieße aufstecken und als Finger-Food servieren.

Tipp: Auf größere Spieße kann man bis zu 3 Knödel aufstecken (abwechselnd mit Gemüsestücken) und auf Couscous angerichtet als Hauptspeise servieren.

Wenn einmal etwas übrig bleibt: die Bällchen in einer warmen Tomatensauce servieren.

BARBECUE-SAUCE

Zutaten

500 ml passierte Tomaten
250 ml Tomatenmark
125 g fein gehackte Zwiebeln
2 EL brauner Zucker
2 EL Essig
6 EL Olivenöl
6 zerdrückte Knoblauchzehen
1 EL Worcestersauce
1 TL Senfpulver
1 TL gemahlener Cayenne- oder schwarzer Pfeffer

Zubereitung

- Zwiebelwürfel mit Knoblauch in Olivenöl kurz glasig dünsten, mit den restlichen Zutaten vermengen, würzen, ca. 20 Minuten köcheln lassen und dann abkühlen.

Grilltemperatur 160 °C
Grillzeit 20–25 Minuten
Grillmethode indirekt

PFEFFERSTEAK VOM WILDHASEN

Zutaten

4 Wildhasenfilets
4 Speckscheiben
Meersalz
Thymian
gemahlener Wacholder
Olivenöl

Equipment

Holzspieße

Zubereitung

● Die Hasenfilets der Länge nach durchschneiden, mithilfe von Klarsichtfolie die halbierten Filets leicht plattieren, je zwei Fleischstreifen hintereinander überlappend auflegen, mit grobem Meersalz, Thymian und gemahlenem Wacholder leicht würzen, mit etwas Olivenöl bestreichen, mit 2 dünnen Speckscheiben belegen und zu einer Schnecke zusammenrollen. Das gerollte kleine Steak mit einem Holzspieß zum Fixieren durchstechen und bei direkter Hitze am Grill je Seite 1½ Minuten angrillen und anschließend indirekt 8–12 Minuten fertig grillen. Man kann auch beim indirekten Grillen noch frische Kräuter auf das Steak legen und mit Olivenöl nachmarinieren (kein Fettbrand beim indirekten Grillen, bringt aber ein schönes Aroma).
● Herausnehmen, einzeln in Alufolie einpacken, kurz rasten lassen und servieren.

Tipp: Steak mit einer leicht pikanten, sämigen Pfeffersauce übergießen.

Wenn einmal etwas übrig bleibt:
Das Pfefferhasensteak quer einmal durchschneiden, in einer Pfanne rasch heiß anbraten, auf eine getoastete Schwarzbrotscheibe setzen. Mit gebratenen Zwiebelringen und Speckscheiben als Wild-Burger servieren.

RAHMIGER KOHL

Zutaten

1 kleiner Kohlkopf
100 g fein geriebene Champignons
1 TL gemahlener Kümmel
Salz, Pfeffer
1 EL Rapsöl
4 EL Crème fraîche

Zubereitung

● Den Kohl entblättern, in feine Streifen schneiden, mit Rapsöl im Wok anschwitzen, Gewürze dazugeben, geriebene Champignons daruntermischen, ca. 12 Minuten garen und mit Crème fraîche glatt rühren und abschmecken.

Grilltemperatur	220 °C
Grillzeit	10–15 Minuten
Kerntemperatur	55–60 °C (rosa), 65–80 °C (durchgegart)
Grillmethode	direkt und indirekt

GEROLLTER FRISCHLINGSRÜCKEN
MIT LAUCH-KARTOFFELN UND ZWETSCHKEN-PREISELBEER-MARMELADE

Zutaten

2 ausgelöste Frischlingsrücken
100 g fein gehackte Petersilie
1 Ei
100 ml Obers
Salz, Pfeffer, Muskatnuss
100 g fein faschiertes Frischlingsfleisch
16 Scheiben Frühstücksspeck
8 Kartoffeln
1 Stück Lauch
grobes Meersalz
Zitronenpfeffer
fein gehackter Rosmarin
etwas Olivenöl
Zwetschken- und Preiselbeermarmelade

Zubereitung

● Das faschierte Frischlingsfleisch mit Salz, Pfeffer, Muskatnuss, Ei, Obers und Petersilie fein cuttern (blitzcuttern). Den Frischlingsrücken komplett von Haut und Sehnen befreien, mit grobem Meersalz, Olivenöl und Rosmarin würzen. Die Farce mit einer Spachtel auf ein Frischlingsfilet aufstreichen, das zweite Filet darauflegen, die Speckscheiben überlappend nebeneinander auflegen und das Filet mit dem Speck eng einrollen.

● Die Frischlingsrolle auf dem heißen Grill bei 180 °C indirekt ca. 25–30 Minuten grillen. Die Kerntemperatur sollte 58–60 °C betragen. In Folie gewickelt nachziehen lassen.

● Die Kartoffeln der Länge nach in 4–5 mm dicke Scheiben schneiden und grillen, Lauch in Ringe schneiden, kurz blanchieren, auf die halb fertig gegrillten Kartoffeln legen und gemeinsam fertig grillen.

● Das Fleisch aus der Folie nehmen, in Scheiben schneiden, mit den Lauch-Kartoffeln anrichten und mit Zwetschken-Preiselbeer-Marmelade servieren.

Tipps: Die Zutaten für das Cuttern müssen alle eiskalt sein, damit die Farce nicht gerinnt, eventuell beim Cuttern 2–3 Eiswürfel dazugeben.
Beim Messen der Kerntemperatur darauf achten, dass man nicht in der Farce misst, sondern im Filet.

Wenn einmal etwas übrig bleibt: Kleine Medaillons ausschneiden, in Ei und Pankomehl wälzen und im heißen Fett rasch frittieren, auf süß-saurem Chutney servieren.

Grilltemperatur	180 °C
Grillzeit	25–30 Minuten
Kerntemperatur	58–60 °C
Grillmethode	indirekt

REHMEDAILLONS AUF OFFENEN CRÊPES MIT SELLERIEPÜREE UND GEGRILLTEN DÖRRZWETSCHKEN

Zutaten

4 Rehmedaillons à ca. 120 g
4 Crêpes
500 g kleinwürfelig geschnittener Sellerie
200 ml Gemüsefond
100 ml Crème fraîche
100 g Butter
Salz, Pfeffer, Muskatnuss
fein gehackter Thymian, Zitronenpfeffer
etwas Olivenöl
grobes Meersalz
8 Speckscheiben
8 Dörrzwetschken,
in Wasser-Rum-Mischung eingeweicht
einige Kohlsprossenblätter
für die Garnitur

Zubereitung

- Die Rehmedaillons mit grobem Meersalz, Zitronenpfeffer, Thymian und Olivenöl würzen, auf einem Teller mit Folie abdecken und ziehen lassen.
- Für das Püree den gewürfelten Sellerie im Gusseisenwok mit etwas Öl kurz anrösten, mit Salz, Pfeffer und Muskatnuss würzen, mit etwas Gemüsefond aufgießen, zugedeckt weich grillen und mit Crème fraîche aufmixen.
- Die eingeweichten Dörrzwetschken in Speck einwickeln. Den heißen Grillrost gut einölen, die Rehmedaillons rasch beidseitig direkt angrillen, dann mit den Dörrzwetschken indirekt bei 200 °C fertig grillen. Die Crêpes kurz auf dem heißen Grill auf beiden Seiten warm machen, dafür eignet sich auch eine Gusseisenpfanne.
- Das Selleriepüree auf den Crêpes verteilen, die fertig gegrillten Medaillons mit den Zwetschken darauf anrichten. Mit den sautierten Kohlsprossenblättern servieren.

Tipp: Der ausgelöste Rehrücken kann auch im Ganzen gegrillt werden – die Medaillons werden erst nach dem Grillen geschnitten.

Wenn einmal etwas übrig bleibt: Die kalten Medaillons quer aufschneiden, mit Apfel und Preiselbeeren belegen, mit etwas Portweingelee glasieren und als kleine Häppchen servieren.

Grilltemperatur	200 °C
Grillzeit	10–12 Minuten
Kerntemperatur	56 °C (schön rosa)
Grillmethode	direkt und indirekt

REHRÜCKEN IM GANZEN GEGRILLT

Zutaten

1 ganzer Rehrücken mit
ca. 2–2 1/2 kg
Salz, Pfeffer
fein gehackter Thymian
fein gemahlener Wacholder
40 dünne Scheiben Selchspeck
Olivenöl

Zubereitung

● Den Rehrücken von Haut und Sehnen befreien, zuputzen, die Rückenfilets mit einem scharfen Ausbeinmesser vom Knochen lösen und mit Salz, Pfeffer, Wacholder, Thymian und einem Schuss Olivenöl marinieren. Die Filets auf den Knochen wieder draufsetzen und mit dem Selchspeck bedecken. So sind die Rückenfilets gut abgedeckt und vorm Austrocknen geschützt.
● Im vorgeheizten Grill bei 160–180 °C indirekt ca. 45–50 Minuten grillen.

Tipp: Dadurch, dass die Filets vom Knochen gelöst und wieder daraufgesetzt werden, kann das Fleisch gleichmäßiger gegart werden und wird auch beim Knochen schön rosa. Diese Form der Zubereitung hat auch den Vorteil, dass man den Rehrücken rundherum würzen kann, wodurch sein geschmackliches Potenzial voll zur Geltung kommt.

Wenn einmal etwas übrig bleibt: Den Rehrücken kalt aufgeschnitten mit Preiselbeeren anrichten oder nochmals in der Pfanne anbraten und mit Cognac-Orangen-Sauce servieren.

Grilltemperatur	160–180 °C
Grillzeit	ca. 45–50 Minuten
Kerntemperatur	ca. 56–58 °C (wenn man das Fleisch schön rosa möchte)
Grillmethode	indirekt

GEGRILLTER REHSCHLÖGEL (hohl ausgelöst)

Zutaten

2 1/2 kg Rehschlögel (ausgelöst)
Salz, Zitronenpfeffer
fein gehackter Thymian
etwas Rapsöl
1 Schalotte
1 Schuss Bier

Zubereitung

- Beim Rehschlögel die Stelze oben abtrennen, mit einem scharfen Messer rundherum die Silberhaut zuputzen, den Schlussknochen herauslösen; dafür mit einem spitzen Ausbeinmesser vorsichtig neben dem Schlögelknochen rundum einschneiden und den Schlögelknochen herausziehen. Mit Salz, Zitronenpfeffer, fein gehacktem Thymian und Rapsöl außen und innen einreiben. In den Hohlraum des Schlögels eine geviertelte Schalotte mit Thymian und Rosmarin geben. (**Tipp:** Im Grill noch eine Aluminiumtasse mit Wasser unterstellen, sorgt für erhöhte Feuchtigkeit.)
- Den Schlögel etwa 1 Stunde bei 200 °C indirekt grillen, dazwischen einmal wenden, mit hochwertigem Öl einpinseln und wenn gewünscht mit Melassesauce (siehe S. 157) und auch immer wieder mit etwas Bier einpinseln.
- Anschließend den fertigen Schlögel in Folie rasten lassen und dann quer zur Faser aufschneiden.

Tipp: Den Rehschlögel kann man auch öfters mit einer Kräuter-Wacholder-Marinade einpinseln, ergibt ein wunderbares Aroma.

Wenn einmal etwas übrig bleibt: Erkalteten Schlögel in kleine Würfel schneiden, in einer heißen Pfanne mit etwas gehackter Zwiebel kurz anrösten, gekochte Kartoffelwürfel dazugeben und mitrösten. Als Rehgröstl mit Blattsalat als kleine Vorspeise servieren.

ROTKRAUT

Zutaten

1 großer Kopf Rotkraut (oder 2 kleine)
6 Äpfel
1 Zwiebel
500 ml Johannisbeersaft
500 ml Orangensaft
je 1 Msp. Zimt, Piment, Kardamom
2 EL Honig
Salz, Pfeffer
Schuss Essig
Öl
Kristallzucker, Butter nach Belieben

Zubereitung

- Das Kraut auf einem Krauthobel oder mit einem scharfen Messer fein schneiden. Die Äpfel und die Zwiebel direkt auf das Kraut reißen oder reiben. Einen Schuss Öl daraufgeben und 3–4 Minuten weich kneten. Eine halbe Stunde stehen lassen.
- Inzwischen in einem Topf Johannisbeer- und Orangensaft mit den Gewürzen sowie dem Honig aromatisieren und etwa 12 Minuten stark einkochen. Nun das Rotkraut in einem anderen Topf ohne Öl heiß anschwitzen. Mit der Saftreduktion aufgießen und zugedeckt auf kleiner Flamme 40–50 Minuten köcheln lassen. Nochmals mit Essig sowie Zucker süß-sauer abschmecken und am Schluss mit Pfeffer eine leicht scharfe Note setzen. Nach Belieben einige Butterflocken unterrühren, damit das Kraut einen schönen Glanz erhält.

Kochzeit: ca. 50–60 Minuten.

Verwendung: Schmecken Sie das Rotkraut passend zum Hauptgericht zur Abwechslung auch mit frisch geriebenem Ingwer oder Ananasstückchen ab.

Grilltemperatur	200 °C
Grillzeit	ca. 60 Minuten
Kerntemperatur	62–64 °C (rosa)
	62–64 °C (leicht durch)
Grillmethode	indirekt

FASCHIERTES CARNUNTINER REH
IM APFEL

Zutaten

4 säuerliche Äpfel
200 g faschierte Rehschulter
50 g fein gehackte Zwiebel
Salz, Pfeffer
fein gehackter frischer Rosmarin
eine Prise fein gemahlener Wacholder
2 Scheiben Toastbrot,
in Milch eingeweicht und ausgedrückt
1 EL Senf
8 Speckscheiben
200 ml Original Mississippi Sauce
sweet & spice

Zubereitung

• Die Äpfel oben flach abschneiden, mit einem kleinen Löffel vorsichtig bis auf eine Wandstärke von ca. 1 cm aushöhlen und mit je zwei Speckscheiben über Kreuz innen auslegen. Das Faschierte mit den restlichen Zutaten, außer der Original Mississippi Sauce, gut vermischen, salzen und pfeffern und in die mit Speck ausgelegten Äpfel füllen, den überhängenden Speck darüberschlagen und indirekt 30–35 Minuten grillen. Etwa 10 Minuten vor Ende der Grillzeit die Äpfel mit der Mississippi Sauce übergießen und fertig grillen.

• Beim Anrichten kann man auf die Teller mit der Mississippi Sauce kleine Spiegel setzen und die Äpfel darauf platzieren.

Tipp: Den kalten gefüllten Apfel fein hacken, mit etwas Schmalz und gehackten Zwiebeln abmischen und als Schwarzbrotaufstrich verwenden.

Grilltemperatur	160 °C
Grillzeit	ca. 30–35 Minuten
Kerntemperatur	ca. 72 °C
Grillmethode	indirekt

DÖRRMARILLEN-AUFLAUF
MIT MANDELN UND VANILLESAUCE
SCHOKOLADEAUFLAUF IM GLAS
BUCHTELN AUS DEM DUTCH OVEN
TOPFENCREME IM STRUDELTEIG
MIT KARAMELLISIERTEN ANANAS
KARAMELLISIERTER HOLUNDER-APFEL IM GLAS
APFELSOUFFLÉ MIT WEINWEICHSELN
GEGRILLTE EISBOMBE

Desserts

DÖRRMARILLEN-AUFLAUF
MIT MANDELN UND VANILLESAUCE

Zutaten

20 g gehobelte Mandeln
3 Eier (Größe L)
40 g Vanillezucker
170 ml Obers 33 %
4 Toastbrotscheiben
100 g gedörrte (oder frische) Marillen
20 g Amaretto-Likör
400 ml Vanillesauce

Zubereitung

- Die Mandeln in einer Pfanne leicht anrösten. Eine passende Auflaufform aus Keramik (z. B. die Weber Style Grillform) ausbuttern und zuckern.
- Eier in Eigelb und Eiweiß trennen. Eiweiß steif schlagen und dabei nach und nach den Vanillezucker beifügen. Sahne mit dem Eigelb vermischen.
- Das Toastbrot entrinden und in kleine Würfel schneiden. Die Marillen ebenfalls in kleine Würfel schneiden und zusammen mit dem Toastbrot und den Mandeln zur Obersmischung geben. Mit dem Amaretto abschmecken und gut vermischen.
- Das geschlagene Eiweiß vorsichtig unterheben und die Masse in die Auflaufform füllen. Den Grill für indirekte Hitze von ca. 140–160 °C vorbereiten, die Auflaufform in den Grill stellen, den Deckel schließen und den Auflauf 25–30 Minuten fertig grillen.
- Den Auflauf mit der Vanillesauce servieren.

Tipp: Statt der Marillen kann man nach Belieben andere Früchte verwenden.

Wenn einmal etwas übrig bleibt: Der Auflauf ist sehr saftig und kann auch kalt gegessen werden.

Grilltemperatur	140–160 °C
Grillzeit	25–30 Minuten
Grillmethode	indirekt

SCHOKOLADEAUFLAUF IM GLAS

Zutaten

4 Dotter
4 Eier
150 g Schokolade
(50–55 % Kakaoanteil)
100 g Butter
70 g Mehl
30 g Zucker
8 EL aufgemixte Marillenmarmelade

Equipment
8 Gläser oder Dariolformen

Zubereitung

• Die Formen mit Butter ausstreichen und innen mit Zucker bestreuen, die Schokolade mit Butter und Zucker im Wasserbad bei ca. 38 °C schmelzen.
• Dotter und Eier gut verschlagen, das gesiebte Mehl in die Schokolade-Butter-Masse einrühren und die Eiermasse vorsichtig unterschlagen, es soll eine cremige Schokolade-Butter-Ei-Masse entstehen.
• In die Formen je 1 EL Marillenmarmelade geben und sie bis zu drei Viertel mit der Schoko-Masse befüllen. In ein Wasserbad stellen und in den 180 °C heißen Grill geben. Bei geschlossenem Deckel ca. 25 Minuten direkt grillen.

Tipps: Die Schokolademasse kann mit Gefühl halbflüssig gebacken werden, dann bleibt der Kern flüssig (= flüssiger Schokokuchen).
Zu diesem Dessert passen heiße Weichseln oder Beerenragout.

Grilltemperatur	180 °C
Grillzeit	25 Minuten
Grillmethode	direkt

BUCHTELN AUS DEM DUTCH OVEN

Zutaten

500 g glattes Mehl
250 ml Milch
25 g Germ
2 EL Zucker
100 g Butter
30 g Vanillezucker
1 Ei
3 Dotter
2 EL geriebene Zitronenschale
Marillenmarmelade zum Füllen

Zubereitung

- Die Zutaten sollten alle Zimmertemperatur haben. Ei, Dotter, Zucker, Vanillezucker schaumig rühren, lauwarme Milch dazugeben, Rum, Butter, Zitronenschale und Salz unterrühren, Germ einbröseln und alles glatt rühren. Das gesiebte Mehl daruntermengen, mit einem Kochlöffel die Masse so lange schlagen, bis sie sich von der Schüssel löst.
- Den Teig leicht mit Mehl bestäuben. Eine Stunde an einem warmen Ort gehen lassen, dann nochmals durchkneten, leicht bemehlen und ½ Stunde gehen lassen.
- Den Teig auf ein bemehltes Nudelbrett geben, leicht flach drücken, mit dem Ausstecher ca. 3 cm kleine Scheiben ausstechen oder mit dem Messer Stücke ausschneiden. Mit etwas Marillenmarmelade füllen, zusammendrücken, durch flüssige Butter ziehen und in den gebutterten Dutch Oven einsetzen. Die Buchteln nochmals gehen lassen.
- Die Briketts in der Zwischenzeit vorheizen. Davon braucht man 8–10 Stück unter dem Dutch Oven und 12–14 auf dem Deckel. Die Temperatur beträgt zwischen 160 und 180 °C, die Grillzeit 35–40 Minuten.
- Die fertigen Buchteln mit Vanillesauce übergießen oder die Vanillesauce extra servieren. Mit Staubzucker bestreuen.

Tipp: Buchteln anstelle von Marmelade mit Nougat oder Nussmasse füllen.

Wenn einmal etwas übrig bleibt: Kalte Buchteln passen ausgezeichnet zur Kaffeejause.

Grilltemperatur	160–180 °C
Grillzeit	35–40 Minuten
Grillmethode	Dutch Oven

TOPFENCREME IM STRUDELTEIG MIT KARAMELLISIERTEN ANANAS

Zutaten

4 Strudelteigblätter (ca. 20 x 20 cm)
1 gesprudeltes Ei zum Bestreichen
250 g Topfen, 20 %
(Wasser ausgepresst)
500 ml Schlagobers
4 EL Staubzucker
1 EL Vanillezucker
Saft von 1 Zitrone
Zitronenzesten
50 ml Rum
4 Ananasscheiben
(frisch oder eingelegt)
etwas Butter
2 EL Zucker

Zubereitung

- Den zugeschnittenen Strudelteig mit Ei bestreichen und mit der bestrichenen Seite nach oben über eine Kaffeetasse legen. Im heißen Grill bei 180 °C ca. 5–7 Minuten grillen, herausnehmen, vorsichtig abheben, umdrehen und auf einen Teller stellen.
- Für die Topfencreme das Obers mit dem Schneebesen halbfest aufschlagen und mit Staubzucker, Vanillezucker, Zitronensaft und -zesten und Rum abschmecken, den ausgepressten Topfen unterrühren und eine halbe bis eine Stunde kalt stellen.
- Die Ananas in Stücke schneiden, etwas Butter in einer Pfanne schmelzen, darin den Zucker karamellisieren und die Ananasstücke kurz durchschwenken.
- Die kalte Topfencreme vorsichtig in die Strudelteigkörbchen dressieren und mit den warmen Ananasstücken garnieren.

Tipp: Für dieses Gericht ist ein fertig gekaufter Strudelteig besser geeignet als ein frischer, denn dieser zieht sich beim Vorbacken zusammen.

Grilltemperatur	180 °C
Grillzeit	5–7 Minuten
Grillmethode	direkt

KARAMELLISIERTER HOLUNDER-APFEL
IM GLAS

Zutaten

4 säuerliche Äpfel
500 ml Vanilleeis
80 g Braunzucker
4 große Holunderblüten
Saft einer halben Zitrone
8 cl Rum zum Flambieren
(Captain Morgan Private Stock 15 J)
8 Melisseblätter zum Dekorieren

Equipment

Metallpfanne
langstielige Zündhölzer

Zubereitung

- Die Äpfel schälen, das Kerngehäuse mit einem Kernausstecher entfernen. Die Äpfel in Spalten schneiden und mit Zitronensaft beträufeln.
- Den Braunzucker in einer heißen Pfanne auf dem Grill bei starker Hitze von ca. 180 °C bis max. 200 °C karamellisieren, Apfelspalten und klein geschnittene Holunderblüten beifügen, mit einem kräftigen Schuss Rum flambieren.
- Vorbereitetes Vanilleeis in Dessertschalen oder geeignete Gläser füllen. Die karamellisierten Äpfel auf dem Eis verteilen und mit Melisseblättern dekorieren. Rasch servieren!

Tipp: Wenn jahreszeitbedingt keine Holunderblüten verfügbar sind, können sie durch Holunderblütensirup ersetzt werden. Eine weitere Alternative sind Melisseblätter.

Grill**temperatur**	ca. 180–200 °C
Grill**zeit**	ca. 10 Minuten
Grill**methode**	direkt

APFELSOUFFLÉ MIT WEINWEICHSELN

Zutaten

4 säuerliche Äpfel
80 g griffiges Mehl
50 g geriebene Haselnüsse
1 Msp. Backpulver
1/2 TL Zimt
80 g Butter
1 Ei
1 EL Rum
50 g Zucker
Schale einer 1/2 Bio-Zitrone
30 ml Obers

Für die Weinweichseln

30 Weichseln
1/4 l Rotwein
10 g Puddingpulver
1/2 Zimtrinde
4 Gewürznelken
20 g Zucker

Zubereitung

- Die Äpfel aushöhlen und mit flüssiger Butter ausstreichen. Übriges Fruchtfleisch in kleine Würfel schneiden.
- Das Mehl mit den Haselnüssen gut durchmischen und dabei Backpulver und Zimt beigeben.
- Die weiche Butter in einer Schüssel mit dem Eigelb, dem Rum und der Hälfte des Zuckers sowie der Zitronenschale schaumig rühren.
- Die Mehlmischung abwechselnd mit dem flüssigen Obers in die Buttermischung einrühren und zum Schluss die Apfelwürfel in die Masse geben.
- Das Eiweiß leicht anschlagen und nun den restlichen Zucker unter kräftigem Schlagen einrieseln lassen. Das Eiweiß dabei zu einem kräftigen Schnee schlagen. Nun diesen in die vorher angefertigte Masse unterheben.
- Die Masse mit einem Spritzsack oder Löffel in die Äpfel einfüllen und im vorgeheizten Griller bei ca. 180 °C für ca. 25–30 Minuten indirekt grillen.
- Währenddessen den Rotwein mit Zucker, Gewürznelken und Zimtrinde aufkochen. Puddingpulver mit 1 EL Rotwein glatt rühren. Gewürznelken und Zimtrinde aus dem Rotwein herausnehmen, Weichseln dazugeben und wie Pudding vollenden.
- Die Weichselsauce zu den gegrillten Äpfeln servieren.

Grilltemperatur	ca. 180 °C
Grillzeit	ca. 25–30 Minuten
Grillmethode	indirekt

GEGRILLTE EISBOMBE

Zutaten

4 Tortenböden oder Biskuitroulade
10 ml Haselnusssirup
70 ml Wasser
3 Eiweiß
30 g Zucker
1 Prise Salz
100 g Äpfel
15 ml Calvados
Zimt nach Geschmack
4 Kugeln Schokoladeneis
(auch Vanilleeis oder Eis nach Wahl)

Zubereitung

- Den Grill vorheizen. Haselnusssirup und Wasser mischen und die Tortenböden damit beträufeln.
- Das Eiweiß mit einer Prise Salz in der Küchenmaschine langsam steif schlagen. Sobald das Eiweiß steif zu werden beginnt, nach und nach den Zucker einrieseln lassen. Das steif geschlagene Eiweiß in einen Spritzbeutel füllen.
- Den Apfel in Streifen schneiden, mit Calvados und Zimt abschmecken und auf den Tortenböden verteilen. Die Eiskugeln etwas flach drücken und mittig auf die Böden geben. Sofort mit dem steif geschlagenen Eiweiß komplett verschließen. Die vorbereiteten Törtchen auf einen kalten Pizzastein mit Backpapier geben.
- Den Pizzastein mit den Törtchen auf den Grillrost stellen und den Deckel sofort schließen. 3–4 Minuten grillen, ohne den Deckel zu öffnen. Sobald das Eiweiß eine schöne Bräunung hat, sind die Törtchen fertig.

Tipp: Damit der Biskuitboden am Grill nicht verbrennt, die Eisbomben eventuell auf Ziegelsteinen grillen (falls notwendig, diese in Alufolie einwickeln).

Grilltemperatur	250–300 °C
Grillzeit	ca. 3–4 Minuten
Grillmethode	indirekt

WITH FIRE, FOOD & FUN

DIE GRILLPARTYPLANUNG

Für die kleine „Grillerei" zwischendurch ist man ja meistens gut gerüstet, woran muss man aber denken, wenn man eine etwas größere Grillparty veranstalten möchte? Wir haben einige Tipps zusammengestellt, mit denen man sich gut vorbereitet ins Grillgeschehen stürzen kann.

Bei größeren Grillfeiern ist es immer ratsam, die Nachbarn vorzuwarnen bzw. vielleicht sogar gleich miteinzuladen. Wie kann ich Gäste und Grillplatz vor Schlechtwetter schützen? Eine Überdachung ist hier von Vorteil, überdenken Sie die Möglichkeit, ein Zelt auszuleihen.

Je nachdem, welche Feier geplant ist, sollte der Termin rechtzeitig fixiert werden. Um für eine Familienfeier alle Familienmitglieder unter einen Hut zu bekommen, sind oft einige Monate Vorlaufzeit nötig, klären Sie telefonisch die terminlichen Möglichkeiten der Gäste ab. Die schriftliche Einladung reicht dann ca. zwei Wochen vor der Feier, genau wie bei einer lockeren Feier unter Freunden. Es empfiehlt sich, ca. eine Woche vor dem Fest nachzufragen, wer fix zusagt, damit Sie die Fleisch- und Getränkemengen gut kalkulieren können.

Vielleicht können Sie von Nachbarn ein weiteres Grillgerät ausborgen, das erweitert die Möglichkeiten, auch die Zuspeise vom Grill anzubieten oder größere Mengen für viele Gäste zu grillen. Überlegen Sie, ob Sie Gäste in die Vorbereitung miteinbinden wollen, diese können nach Absprache z. B. Salate oder Saucen zubereiten und mitnehmen oder bei der Dekoration helfen.

Denken Sie auch rechtzeig daran, für genügend Sitzgelegenheiten zu sorgen, oft kann man Heurigengarnituren beim Getränkehändler ausleihen ebenso wie Gläser, vielleicht planen Sie aber auch eine legere Stehtisch-Party mit Finger-Food vom Grill?

Mit der richtigen musikalischen Untermalung wird es sicher ein gelungenes Fest, denken Sie also an die Musikanlage und passende CDs.

Was sonst noch nicht fehlen darf: Servietten, Spielsachen für Kinder, Brandsalbe, Löschmaterial, Fotoapparat, Filmkamera ...

DER GRILLPARTY-COUNTDOWN

2 Wochen bis 1 Monat vor der Party

Schriftliche oder telefonische Einladung
Sitzgelegenheiten bestellen

1 Woche

Rezepte zusammenstellen, Einkaufsliste schreiben
Brennmaterial und Anzünder besorgen, Grillbesteck und Grill kontrollieren
Getränke und haltbare Lebensmittel wie Kartoffeln, Gewürze, Konserven, Knabbereien, Senf, Ketchup einkaufen
Dekoration besorgen und/oder basteln
Beleuchtung organisieren (Lichterkette, Fackeln, Windlichter, Kerzen etc.)
Nachbarn benachrichtigen
Babysitter organisieren

3 bis 5 Tage

Fleisch und Gebäck bestellen

1 Tag

Frische Zutaten wie Fleisch, Zutaten für Salate und Saucen besorgen
Fleisch marinieren
Saucen und manche Salate zubereiten
Getränke kühlen
Leih-Grill, Zelt, Sitzgelegenheiten abholen

Tag der Feier

Einkaufen: frisches Gebäck, Salat, frisches Gemüse
Tische stellen und dekorieren
Grillplatz herrichten, Beistelltisch mit Grillbesteck, Öl, Küchenrolle, Gewürzen
Großen Tisch für Salate, Saucen, Getränke, Essgeschirr vorbereiten
Abfallbehälter bereitstellen
Frische Salate und Gemüse vorbereiten
Grillgut aus dem Kühlschrank nehmen
Grill rechtzeitig anzünden

VORSCHLÄGE FÜR GRILLMENÜS

Menü 1

Hendl am Stiel mit Frühlingssalat,
½ Menge als Vorspeise (Seite 109)
Wolfsbarschring mit Zucchinigemüse (Seite 87)
Dörrmarillen-Auflauf mit Mandeln (Seite 197)

Im Vorhinein: Wolfsbarschring mit Zucchinigemüse grillfertig vorbereiten, fürs Dessert Mandeln rösten, Toastbrot und Marillen klein schneiden

1. Den Grill fürs indirekte Grillen vorbereiten. Hendlunterkeulen laut Rezept zubereiten, während diese grillen, den Frühlingssalat zubereiten.
2. Wolfsbarschring laut Rezept indirekt grillen, mit Ciabatta servieren.
3. Dörrmarillen-Auflauf fertig vorbereiten und indirekt grillen.

Menü 2

Gegrillte Gazpacho (Seite 52)
Kräuterschopfbraten (Seite 133)
Birne mit Käse und Blätterteig (Seite 56)

Im Vorhinein: Gegrillte Gazpacho am Vortag zubereiten, vor dem Grillen die Birne marinieren

1. Grill fürs indirekte Grillen vorbereiten. Kräuterschopfbraten füllen und indirekt grillen. Es können z. B. Folienkartoffeln mitgegrillt werden.
2. Ca. eine halbe Stunde vor Ende der Garzeit die gegrillte Gazpacho servieren.
3. Nach dem Hauptgang die Birne fertig vorbereiten und laut Rezept grillen.

Menü 3

Butterfly-Garnelen (Seite 92)
Schopfbratensteak für vier (Seite 134)
Erdäpfel „mal anders" (Seite 134)
Schafkäse im Speck trifft Erdäpfelkas (Seite 64)

Im Vorhinein: Erdäpfel, Schafkäse sowie Erdäpfelkas laut Rezept grillfertig vorbereiten, Garnelen marinieren, Schopfbraten vorbereiten, Zedernholzbretter einweichen

1. Grill fürs indirekte Grillen vorbereiten. Butterfly-Garnelen über direkter Hitze grillen, z. B. mit Knoblauchbaguette servieren.
2. Schopfbraten und gefüllte Erdäpfel indirekt grillen.
3. Kohle für direktes Grillen am Kohlerost verteilen und Schafkäse und Erdäpfelkas laut Rezept am Zedernholzbrett direkt grillen.

Menü 4

In Kokosmilch marinierte Junghendlbrust mit Gemüsesalsa (Seite 106)
Entenbrust mit schwarzem Tee geräuchert (Seite 114)
Apfelsoufflé mit Weinweichseln (Seite 206)

Im Vorhinein: Salsa zubereiten, Junghendlbrust marinieren, Entenbrust würzen, Räucherbeutel vorbereiten, Äpfel aushöhlen und mit Butter ausstreichen.

1. Grill fürs indirekte Grillen vorbereiten. Junghendlbrüste laut Rezept grillen und anrichten.
2. Entenbrust laut Rezept räuchern.
3. Apfelsoufflé fertig vorbereiten und indirekt grillen. Währenddessen die Weinweichseln zubereiten.

DIE EXPERTEN FÜR GAS- UND INFRAROTGRILLEN

Grillen wie ein Weltmeister

Doppel-Grillweltmeister Adi Matzek empfiehlt Gourmet Grills von Napoleon®

Infrarotgasgrills, Gasgrills, Holzkohlegrills, mobile Gasgrills, OASIS™ Outdoorküchen und Zubehör

www.napoleongrills.eu

DIE 1. GRILL- & BBQ-SCHULE ÖSTERREICHS

Adi Matzek gibt sein in seiner langen Laufbahn als Profigriller erworbenes Wissen in seiner „1. Grill- & BBQ-Schule Österreichs" weiter und kann hierbei bereits auf eine fast zwei Jahrzehnte lange Erfahrung als Grillpionier in Österreich zurückgreifen. Es macht ihm immer wieder Spaß, neue Leute mit seiner Grill-Begeisterung anzustecken, Wissenswertes zu vermitteln, auf diesem Weg neue Grillfreunde kennenzulernen und natürlich auch immer wieder von seinen Grillseminar-Teilnehmern dazuzulernen und von deren eigenem Erfahrungsschatz zu profitieren. Lebendiger Erfahrungsaustausch statt grauer Theorie, anschauliche Aha-Effekte, die man nicht vergisst und auch oft im „normalen" Küchenleben nicht mehr missen möchte, sowie ein Eintauchen in die entspannte Atmosphäre der liebevoll gestalteten Lokation machen Adi's Grillschule zu einem einzigartigen Erlebnis.

Adi's Slogan ist hierbei: **„Vergolden, nicht verkohlen"**

Eingebettet in die stimmungsvolle Lokation „Steingarten", der seinem Namen alle Ehre macht, finden folgende B2C-Seminare statt:

Basis-Seminar „Die Sprache und der Umgang der Grillgemeinde"
Fisch-Seminar „Zwei Elemente Seminar"
„Grillen für Fortgeschrittene" Workshop I und Workshop II
Grillen zu jeder Jahreszeit mit „Wild am Grill"
Das **Steakseminar** „Steak it easy"
Smoker BBQ-Seminar, mit Fleischzerlegung
AMA Grill-Trainer Seminar mit Zertifizierung – exklusiv in Österreich
ABA Juryseminarausbildung mit Zertifizierung – exklusiv in Österreich

Aber auch B2B-Seminare für Unternehmen, mit Fachvorträgen und Produkttests, Promotiontours sowie Teambildungsseminare, die exakt nach Kundenbedürfnissen gestaltet werden, runden das Gesamtkonzept ab.
In chilliger Atmosphäre bei gemeinsamer Begeisterung entsteht wie ganz von selbst ein lang anhaltendes „WIR-Gefühl", von dem alle noch lange Zeit profitieren.

Alle Grillgrößen in Österreich waren auf Besuch in Adi's Grillschule, und nicht wenige von ihnen erhielten hier Motivation und Grundstein für ihren eigenen erfolgreichen Weg. Viele Meistertitel dieser ehemaligen Seminarteilnehmer zeugen von der Kraft, die von diesem mystischen Punkt im Waldviertel, dem Steingarten als der Heimat der 1. Grill- & BBQ-Schule, ausgeht.

www.grillschule.at

DER ÖSTERREICHISCHE GRILLVERBAND ABA
Austrian Barbecue Association

Die Gründung des Österreichischen Grillverbandes, kurz ABA, geht auf Johann Stabauer zurück. Im Jahre 1996 gündete er im Februar mit Rolf Zubler und einigen Mitstreitern diese Institution. Somit ist die ABA der älteste offizielle Grillverband in Europa, denn erst im März erfolgte die Gründungssitzung der WBQA, der World Barbecue Association, die als Mutterorganisation mit eigenständigen Ländermitgliedern fungiert. Aus den lehrreichen Anfangszeiten des Wettbewerbgrillens wurde eine fest verankerte Sportart, die von jedem Grillmeister hinter seinem Gartenzaun gerne und mit viel Enthusiasmus betrieben wird. Die ABA mit den Grillmeisterschaften soll aber helfen, dieses Potential an echten Grillmeistern zu den Events zu bringen, wo sie sich im fairen Wettstreit miteinander messen und auch voneinander lernen sowie den eigenen Grill-Horizont erweitern können.

Somit ist die Hauptaufgabe der ABA, alle begeisterten Grillkollegen zur Teilnahme an der offiziellen Grillstaatsmeisterschaft zu motivieren und im lukullischen Grillgedanken die Österreichische Grillstaatsmeisterschaft abzuhalten und auszurichten.

Die Aufgabe für die Teilnehmer besteht darin, unter dem Reglement der ABA ein mehrgängiges Menü vom Grill zuzubereiten. Jeder Gang wird zur vollen Stunde der Jury zur Wertung gestellt. Die Zutaten erhält jeder Teilnehmer aus einem Warenkorb, der zur Verfügung gestellt wird. Für die Wettbewerbe wird von vielen Teams hartes Training wie in jeder Sportart üblich absolviert. Es gibt aber auch Mannschaften, die nur mit dem Olympischen Gedanken „dabei" sein wollen, beide Arten von Teams sind eine Bereicherung für die Menschen, die diese Grillstaatsmeisterschaften besuchen, und es sind derer bereits über 5.000 pro Veranstaltung. Die Besucher haben die Möglichkeit, sich Tipps und Tricks von den Akteuren zu holen oder abzuschauen, in der tollen Atmosphäre gibt es auch die Möglichkeit, hie und da bei den Teams das eine oder andere Schmankerl zu verkosten. Im Laufe der Jahre ist die ABA ein Partner für Firmen geworden, die im Grillgeschehen stehen, und kann dank guter Medienpräsenz den grillbegeisterten Menschen jährlich ein Event für den neuen Nationalsport, das Grillen, bieten.

Der Slogan der ABA und WBQA
**„Hot coals, cool fingers,
no smoke in the eyes
and make friends around the world
with fire, food and fun!"**

www.aba-barbecue.at

WILLKOMMEN BEI ADI BITTERMANN

Der Weinort Göttlesbrunn liegt, unweit der slowakischen und ungarischen Grenzen, an einem „altösterreichischen Dreiländereck." Hier, in der ehemaligen Volksschule des Ortes, führt Zwei-Hauben-Koch Adi Bittermann zusammen mit seiner Gattin Bettina sein Lokal **„bittermann – Vinarium Göttlesbrunn".** In dem modern revitalisierten, einst noch von Kaiser Franz Joseph eröffneten alten Schulgebäude, bietet Adi Feinschmeckern alles, was das Herz begehrt.

Adi, der fünfzehn Jahre lang in Wien mit „Vikerls Lokal" für seine sehr persönliche Interpretation von Altwiener und altösterreichischen Gerichten auf leichte, moderne Art bekannt wurde, hat seinen Standort in Göttlesbrunn durchaus mit Bedacht gewählt. Hier kann er, unmittelbar an der Pforte zur pannonischen Tiefebene und unweit des Vielvölkerflusses Donau, seine Spielart der „Küche ohne Grenzen" noch weiter entwickeln.

Adi Bittermanns Küche kennt von Kutteln übers Bruckfleisch bis zu Stierhoden kein Küchentabu, ein Altwiener Gabelfrühstück steht also ebenso auf Adi Bittermanns „Menüplan" wie die köstlichen Süßwasserfische aus der nahen Donau und dem Neusiedler See. Und da sich zwischen dem „bittermann – Vinarium" und den Donauauen praktischerweise auch ein Waidrevier befindet, läuft Bittermanns Küche zur Wildsaison stets zu Höchstform auf. Das obere Stockwerk ist mittlerweile zu einem Dreh- und Angelpunkt für Weinbegeisterte aus Nah und Fern geworden.

Die Standardwerke zur österreichischen Küche

Adi Bittermann
Renate Wagner-Wittula
DIE WIENER KÜCHE
Die 300 besten Rezepte
Mit Fotos von K.-M. Westermann
416 Seiten, 19 x 24,5 cm, Hardcover mit SU
€ 34,99 · ISBN 978-3-85431-558-2
PICHLER VERLAG

Gerd Wolfgang Sievers
SAUgut!
Vom Herzhaften Braten zum feinen Gaumenkitzel
Mit Fotos von K.-M. Westermann
240 Seiten, 17 x 24 cm, Hardcover mit SU
€ 24,99 · ISBN 978-3-85431-605-3
PICHLER VERLAG

Ingrid Pernkopf · Christoph Wagner
KNÖDELKÜCHE
Die 250 besten Rezepte von pikant bis süß
Mit Fotos von Peter Barci
240 Seiten, 17 x 24 cm, Hardcover mit SU
€ 24,95 · ISBN 978-3-85431-526-1
PICHLER VERLAG

Ingrid Pernkopf · Renate Wagner-Wittula
DIE TRADITIONELLE ÖSTERREICHISCHE KÜCHE
Mit Fotos von Peter Barci
432 Seiten, 19 x 24,5 cm, Hardcover mit SU
€ 34,99 · ISBN 978-3-85431-610-7
PICHLER VERLAG

DANKSAGUNG

An dieser Stelle möchten wir allen DANKE! sagen, die uns mit Rat und Tat, aber auch mit Kritik auf unserem bisherigen Weg begleitet und immer ein Stück weiter gebracht haben.

Besonders möchten wir uns bei unseren Frauen Bettina und Irene sowie unseren lieben Familien bedanken, die für die viele Zeit, die wir beide für unseren Beruf verwenden, Verständnis haben.

Ein besonderer Dank an das Bittermann-Team mit Maria Windholz und der Küchenmannschaft, allen voran Stefan Doubek, Stefan Steinhöfer und Nico Wiedner. Ein ebenso großes Dankeschön geht an das Adi-Matzek-Team mit Maria Tauböck, Eveline Malik, dem Büroteam und dem Verkauf sowie nicht zuletzt an unsere Susi in der Küche – sie alle haben uns toll unterstützt.

Danke an das Bittermann-Grill-Team, die Pitmasters, eine Gemeinschaft von Grill-Fanatikern, die jedes nur so kleine Grill-Vergnügen zum Erlebnis der besonderen Art machen.

Danke auch an die Rezeptfee Iris Schmied und an das Adi-Matzek-Weltmeistergrillteam, allen voran an Georg, Hubert, Pierre und Harry sowie an die gute Seele Maria.

Danke lieber Pichler Verlag für die Inspirationen zu diesem Buch und die Möglichkeit, es in deine verlegerischen Hände zu legen.

Danke an Herbert Lehmann für die wunderbaren Fotos, für die er viel Geduld aufbringen musste – der verhängnisvolle Wind in Göttlesbrunn und das raue Waldviertel wurden von ihm in einer „nicht unsonnigen Art und Weise" bezwungen: Herbert, wir schätzen deine perfekte Arbeit sehr!

Grillen ist eine Leidenschaft, die ansteckend ist. Für die ausgezeichnete Unterstützung bei diesem Buchprojekt bedanken wir uns bei folgenden Personen, Firmen, und Institutionen:

Heimo Irouschek *(Napoleon Austria)*
Michael Schubert *(Grillzeit)*
Dir. Dr. Rudolf Stückler *(AMA)*
Hans Stabauer *(Unternehmensberater)*
Johannes Rottensteiner *(Journalist)*
Silke Jütten, Frank Kalf *(Fa. Otto Gourmet)*
Daniela Dangl *(Fa. Mautner Markhof)*
Mag. Wolfgang Had *(FLAGA)*
Mag. Christian Putscher *(Ernährungswissenschafter)*
Frau Renate Wagner-Wittula.

IMPRESSUM

ISBN 978-3-85431-604-6

© 2013 by Pichler Verlag
in der Verlagsgruppe Styria GmbH & Co KG
Wien – Graz – Klagenfurt
Alle Rechte vorbehalten

Bücher aus der Verlagsgruppe Styria sind erhältlich in jeder Buchhandlung und im Online-Shop.

Lektorat: Josef Weilguni
Cover- & Buchgestaltung: Bruno Wegscheider
Fotos: Herbert Lehmann

Reproduktion: Pixelstorm, Wien
Druck und Bindung: Druckerei Theiss GmbH, St. Stefan im Lavanttal
7 6 5 4 3 2 1

Alle Rechte vorbehalten

BILDNACHWEIS

Napoleon Austria: S. 10 (li. und Mitte), 11–13 (Grillgeräte), 31
iStockphoto.com/DNY59: S. 17
iStockphoto.com/EcoPic: S. 25
Fotostudio Andraschek, Horn: S. 21
Otto Gourmet: S. 22
Adi Matzek: S. 23
Alle übrigen Fotos: Herbert Lehmann